新时代智库出版的领跑者

本报告系中国社会科学院国情调研项目"高新技术产业开发区发展质量比较研究"阶段性成果

国家智库报告（2021）
National Think Tank (2021)

中国园区经济发展质量调研报告

（2020版）

INVESTIGATION AND EVALUATION REPORT ON THE QUALITY OF CHINA'S PARK ECONOMIC DEVELOPMENT (2020 EDITION)

史丹　等著

中国社会科学出版社

图书在版编目（CIP）数据

中国园区经济发展质量调研报告：2020版／史丹等著．—北京：中国社会科学出版社，2021.3

（国家智库报告）

ISBN 978-7-5203-7984-7

Ⅰ.①中… Ⅱ.①史… Ⅲ.①高技术产业区—产业发展—研究报告—中国 Ⅳ.①F127.9

中国版本图书馆 CIP 数据核字（2021）第 038185 号

出 版 人	赵剑英
项目统筹	王 茵　喻 苗
责任编辑	孙砚文　李 沫
责任校对	赵雪姣
责任印制	李寡寡

出　　版	中国社会科学出版社
社　　址	北京鼓楼西大街甲 158 号
邮　　编	100720
网　　址	http://www.csspw.cn
发 行 部	010-84083685
门 市 部	010-84029450
经　　销	新华书店及其他书店
印刷装订	北京君升印刷有限公司
版　　次	2021 年 3 月第 1 版
印　　次	2021 年 3 月第 1 次印刷
开　　本	787×1092　1/16
印　　张	13.75
插　　页	2
字　　数	175 千字
定　　价	69.00 元

凡购买中国社会科学出版社图书，如有质量问题请与本社营销中心联系调换

电话：010-84083683

版权所有　侵权必究

中国社会科学院工业经济研究所课题组

课题主持人
  史 丹 中国社会科学院工业经济研究所 所长 研究员

课题组成员
  刘佳骏 中国社会科学院工业经济研究所 副研究员
  李 鹏 中国社会科学院工业经济研究所 助理研究员
  崔志新 中国社会科学院工业经济研究所 助理研究员

摘要： 伴随我国改革开放以来四十多年的高速发展，各类型开发区（产业园区）实现了发展规模和质量上的快速成长，已成为我国参与全球制造业价值链分工重要载体，优化产业空间布局的有力措施以及推动区域经济协同发展的强大动力。总体上讲，开发区（产业园区）作为提升国土空间开发效率的重要平台与产业发展载体，推动我国开发区（产业园区）高质量发展，是国际国内环境百年未有之大变局背景下，强化国内大循环，推进我国实现区域协调发展，实现全体人民共同富裕要求的必然选择。

从我国各类型、各级别开发区（产业园区或工业园区）的总体分布情况来看，在整个国土空间范围内，开发区（产业园区）数量与面积的空间分布格局与城市群的分布具有一致性，呈现出以城市群为依托的多核、轴带集聚特征。一是东部沿海产业园区集聚带，主要以环渤海地区（辽东半岛、京津冀、山东半岛），长江三角洲地区、粤港澳大湾区城市群与核心城市为依托形成的沿海带状开发区（产业园区）集群区域；二是中部长江中游和中原产业园区集聚板块，主要以长江中游城市群（包括武汉城市圈、长株潭城市群和南昌－九江鄱阳湖城市群）和中原（郑新洛）城市群与核心城市为依托形成的块状开发区（产业园区）集群区域；三是西部地区产业园区集聚群落，主要以成渝、兰西格、呼包鄂、宁蒙沿黄（银川－乌海）、关中（西咸－杨凌新区）和天山北坡城市群与核心城市为依托形成的开发区（产业园区）集聚群落。不难发现，我国产业园区的空间分布格局与我国国土空间的"T"形开发战略高度吻合，同时园区聚落也主要集中在"胡焕庸线"东南侧。这些开发区（产业园区）集聚区域与轴带，在产业组织上逐渐形成依托独特的产业链进行分工与协作的模式，在空间上开发区集群与城市群发展过程中形成相互促进、相互支撑的螺旋共生发展模式。

我国产业园区建设取得诸多成就和成功经验，同时也遇到了一些问题。党的十九大报告中明确指出，我国经济社会发展已逐渐由高速发展阶段向高质量发展阶段转变，高质量发展已经成为当前宏观政策制定和管理的重要目标。加快建立园区高质量发展评价体系，从经济发展质量、协同协调质量、创新生态质量、生态环境质量、开放共享质量和管理服务质量多个方面，选取统计定量指标，对我国开发区（产业园区）的发展质量水平进行客观定量与定性评价，有助于引导产业园区高质量发展，有助于保持经济持续健康稳定增长，是我国经济社会高质量发展的重要组成部分。

基于此，本报告坚持创新、协调、绿色、开放、共享新发展理念，构建国家级产业园区高质量发展评价指标体系，科学评估国家级产业园区发展情况，总结国家级产业园区取得成绩的同时，实事求是地分析国家级产业园区发展中存在的问题，是推动其实现高质量发展的基础。通过对 30 个省区层面和 105 个园区层面数据分析评价，我们得出了以下结论。

一是从 30 个省级行政单元的国家级产业园区发展质量总体评价指数上可以看出，国家级产业园区发展质量水平趋于稳定，并有逐步提升的态势。从 2012—2018 年分省评价综合指数均值来看，广东省产业国家级产业园区的得分达到 0.7132，之后是上海、江苏、北京 2012—2018 年均值得分达在 0.5 以上，这四省市区也是我国东部沿海重点城市群，京津冀、长三角、珠三角所在区域，2012 年以来三大城市群所在区域的国家级产业园区发展得分一直处于全国领先。而中西部园区发展质量也在不断提升，结合 2013—2018 年分省评价指数空间分布情况来看，六年来，山东省、浙江省、湖南省、湖北省、河南省、四川省、重庆市各省市国家级产业园区发展质量提升速度较快。

二是从综合指数得分排名前三十的高新技术产业园区情况来看，总体上我国产业园区的发展与所在地区经济发展水平、产业基础、资源禀赋、人才与科研资源、生态环境与城市功能、能级综合实力相一致，产业园区大部分分布在"胡焕庸线"东南侧。园区的发展质量很大程度上取决于所处区位和所在城市能级，即呈现东部沿海地区产业园区发展质量综合得分明显好于中、西部地区园区，大城市、特大城市产业园区发展质量综合得分明显好于中、小城市的园区的发展特征。综合得分前三十的园区基本集中在长三角、京津冀、粤港澳、关中和成渝一线等工业基础雄厚的城市群地区，长株潭、武汉城市群、中原城市群范围内园区发展成长呈现加速趋势。在整个国土空间范围内，我国已基本形成以北京中关村科技园区为核心的京津冀高新技术产业园区（开发区）集聚区；以成都、重庆、武汉、长沙、南昌-九江、合肥、南京、上海高新区为核心的、沿长江流域主干岸线布局的高新技术产业园区（开发区）集聚轴带；以深圳-广州高新区为核心的粤港澳大湾区高新技术产业园区（开发区）集聚区；以呼包鄂、西安-杨凌高新区、兰州-西宁、乌鲁木齐为重点的沿欧亚大陆桥高新技术产业园区（开发区）集聚区，这四大高新技术产业园区（开发区）集聚区（轴带），为我国高新技术产业发展、国土空间开发高效利用和区域协调发展奠定了基础。

同时，课题组依托中国社会科学院国情调研重大项目《我国产业园区发展质量评价》，选取京津冀、长三角和珠三角三大典型城市群区域，对天津滨海新区、北京中关村园区、上海张江园区、深圳前海园区和珠海横琴园区进行深入调研，总结目前三大典型区域园区发展的基本情况，主导产业发展现状、产业合作分工和周边区域发展带动情况，分析园区发展面临的困难与存在的问题，针对性地提出促进本区域产业园区高质量发展的政策建议。

关键词： 产业园区，分布格局，发展质量，评估

Abstract: With the rapid development of nearly 40 years since Reform and Opening up, various types of development zones (industrial parks) have achieved rapid growth in development scale and quality, and have become an important carrier for my country's participation in the global manufacturing value chain division of labor and optimize the industrial space layout. Powerful measures and a powerful driving force for the coordinated development of regional economies. Generally speaking, development zones (industrial parks) serve as important platforms and industrial development carriers for improving the efficiency of land space development. Promoting the high-quality development of China's development zones (industrial parks) is an inevitable choice to strengthen the domestic cycle, promote China's coordinated regional development, and realize the common prosperity of all people under the background of major changes in the international and domestic environment.

From the perspective of the overall distribution of China's various types and levels of development zones (National Hi-Tech Development Area and National economic and technological development zone), the spatial distribution pattern of the number and area of development zones (industrial parks) is consistent with the distribution of urban agglomerations within the entire land space. It shows the characteristics of multi-core and axial clusters based on urban agglomerations. The first is the agglomeration belt of eastern coastal industrial parks, which mainly form coastal belt development zones based on the Bohai Rim (Liaodong Peninsula, Beijing-Tianjin-Hebei, Shandong Peninsula), Yangtze River Delta, Guangdong-Hong Kong-Macao Greater Bay Area city clusters and core cities (Industrial parks) cluster areas; the second is the central Yangtze River Middle Reaches and the Central Plains Industrial Park agglomeration plate, mainly composed of the middle reaches of the Yangtze River urban agglomeration (including Wuhan City Circle, Changzhutan City Group and Nanchang-Jiujiang Poyang Lake City Group) and Central Plains (Zhengxinluo) cities Clusters and core cities are the cluster areas of massive development zones (industrial parks) based on the formation; the third is the agglomeration of industrial parks in the western region, mainly in Chengyu, Lanxige, Hubao'e, Ningmeng along the Yellow River (Yinchuan-Wuhai), Guanzhong (Xixian-Yangling New District), the urban agglomeration on the northern slope of Tianshan Mountain and the core cities are the development zones (industrial parks) clustered communities. It is not difficult to find that the spatial distribution pattern of China's industrial parks is highly consistent with the "T"-shaped development strategy of China's territorial space. At the same time, the park settlements are mainly concentrated on the southeast side of the "Hu Huanyong Line". These development zones (industrial parks) gather areas and axes, and gradually form a model of division and cooperation based on unique industrial chains in industrial organization. In the development process of spatial development zone clusters and urban agglomerations, they have formed mutual promotion. Supporting spiral symbiosis development model.

China's industrial park construction has made many achievements and successful experiences, but also encountered some problems. The report of the 19th National Congress of the Communist Party of China clearly stated that China's economic and social development has gradually shifted from a high-speed development stage to a high-quality development stage, and high-quality development has become an important goal of current macro policy formulation and management. Accelerate the establishment of a high-quality development evaluation system for parks, select statistical quantitative indicators from the aspects of economic development quality, coordination and coordination quality, innovative ecological quality, ecological environment quality, open sharing quality and management service quality, and evaluate development zones (industrial parks) in China. Objective quantitative and qualitative evaluation of the development quality level of the country will help guide the high-quality development of industrial parks, help maintain sustained, healthy and stable economic growth, and are an important part of the high-quality development of my country's economic society.

Based on this, this report adheres to the five development concepts of innovation, coordination, greenness, openness, and sharing, builds a high-quality development evaluation index system for national industrial parks, scientifically evaluates the development of national industrial parks, and summarizes the achievements of national industrial parks. Analyzing the problems in the development of national-level industrial parks based on facts is the basis for promoting their high-quality development. This report adheres to the new development concept of innovation, coordination, greenness, openness, and sharing to build a national – level industrial park high – quality development evaluation index system. Therefore, scientifically evaluate the development of national-level industrial parks, summarize the achievements of national-level industrial parks, and analyze the problems in the development of national-level industrial parks based on facts. Through the analysis and evaluation of data at 30 provinces and districts and 105 parks, we found that:

First, it can be seen from the overall evaluation index of the development quality of national-level industrial parks of 30 provincial administrative units that the development quality of national-level industrial parks has stabilized and is gradually improving. Judging from the average value of the comprehensive index value of the sub-provincial evaluation in 2012—2018, the score of the national industrial parks in Guangdong Province reached 0.7132, followed by Shanghai, Jiangsu, and Beijing, which were all worth more than 0.5 in 2012—2018. These four provinces and cities The district is also a key city cluster on the east coast of my country, where the Beijing-Tianjin-Hebei, Yangtze River Delta, and Pearl River Delta are located. Since 2012, the development scores of national industrial parks in the regions where the three major urban agglomerations are located have been leading the country. The development quality of the central and western parks is also continuously improving. Based on the spatial distribution of the evaluation indexes by provinces from 2013 to 2018, in the past six years, Shandong, Zhejiang, Hunan, Hubei, Henan, Sichuan, and Chongqing provinces and cities The development quality of national industrial parks has improved rapidly.

Second, from the perspective of the top 30 high-tech industrial parks in the comprehensive index, the development China's industrial parks is generally related to the economic development level, industrial foundation, resource endowments, talents and scientific research resources, ecological environment and urban functions, The overall strength of the energy levels is consistent, and most of the industrial parks are located on the southeast side of the "Hu Huanyong Line". The development quality of the park largely depends on the location and the energy level of the city, that is, the comprehensive score of the development quality of industrial parks in the eastern coastal areas is significantly better than that of the central and western regions, and the comprehensive scores of the development quality of the industrial parks in large cities are obvious. It is better than the development characteristics of parks in small and medium-sized cities. The top 30 parks with comprehensive scores are basically concentrated in the Yangtze River Delta, Beijing-Tianjin-Hebei, Guangdong-Hong Kong-Macao, Guanzhong, and Chengdu-Chongqing first-line urban agglomerations, and the development and growth of the parks within the Changsha-Zhutan, Wuhan urban agglomeration, and Zhongyuan urban agglomeration Shows an acceleration trend. Within the entire land space, China has basically formed the Beijing-Tianjin-Hebei high-tech industrial park (development zone) cluster area with Beijing Zhongguancun Science Park as the core; Chengdu, Chongqing, Wuhan, Changsha, Nanchang Jiujiang, Hefei, Nanjing, Shanghai High-tech Zone as the core, along the main coastline of the Yangtze River Basin high-tech industrial park (development zone) cluster axis; Guangdong-Hong Kong-Macao Greater Bay Area high-tech industrial park (development zone) with Shenzhen-Guangzhou high-tech zone as the core Agglomeration area; A cluster of high-tech industrial parks (development zones) along the Eurasian Continental Bridge, focusing on Hubao'e, Xi'an-Yangling High tech Zone, Lanzhou-Xining, and Urumqi. These four high-tech industrial parks (development zones) gather The zone (axis belt) has laid the foundation for the development of China's high-tech industries, the efficient use of land and space development, and the coordinated development of regions.

At the same time, the research team relied on the "Quality Evaluation of the Development of Industrial Parks in my country", a major project of the Chinese Academy of Social Sciences, and selected three typical urban agglomeration areas in the Beijing-Tianjin-Hebei region, the Yangtze River Delta and the Pearl River Delta. Zhangjiang Park, Shenzhen Qianhai Park and Zhuhai Hengqin Park conducted in-depth investigations. Summarize the current situation of the development of the three typical regional parks, the current status of the development of the leading industries, the division of industrial cooperation and the development of the surrounding areas, analyze the difficulties and existing problems in the development of the parks, and make specific proposals to promote the quality of the regional industrial parks Policy recommendations for development.

Key Words: industrial park, distribution pattern, development quality, evaluation

目 录

第一章 中国产业园区经济发展过程及其布局 …… 刘佳骏(1)
  一 国家产业园区相关研究进展 ……………………(2)
  二 中国产业园区转型升级历程与成就 ……………(3)
  三 中国产业园区分布特征 …………………………(11)
  四 中国产业园区发展存在的问题 …………………(19)
  参考文献 ……………………………………………(22)

第二章 产业园区经济高质量发展评价指标体系构建 …… 刘佳骏 李 鹏(26)
  一 高质量发展内涵与相关评价体系梳理 …………(27)
  二 产业园区高质量发展评价指标体系构建原则 ……(29)
  三 国家级园区高质量发展评价指标体系构建 ………(32)
  四 模型计算方法 ……………………………………(37)
  参考文献 ……………………………………………(39)

第三章 产业园区高质量发展评价结果分析 …… 刘佳骏 李 鹏(43)
  一 产业园区高质量发展总体评价分析 ……………(43)
  二 重点产业园区评价结果分析 ……………………(66)
  三 主要评价结论 ……………………………………(94)

参考文献 …………………………………………………… (99)

第四章 京津冀地区产业园区经济发展现状及比较 …………………………………… 崔志新(102)
 一 京津冀地区产业园区总体情况 ………………… (102)
 二 京津冀地区产业园区主导产业发展现状 ……… (108)
 三 京津冀地区园区产业合作现状 ………………… (116)
 四 京津冀地区产业园区发展中存在的主要问题 ……………………………………………… (121)
 五 推进京津冀地区产业园区经济高质量发展的政策建议 ………………………………………… (124)
 参考文献 ……………………………………………… (125)

第五章 长江三角洲地区产业园区经济发展现状及比较 ………………………………… 刘佳骏(128)
 一 长江三角洲地区产业园区总体情况 …………… (128)
 二 长江三角洲地区产业园区主导产业发展现状 ……………………………………………… (133)
 三 长江三角洲地区产业园区产业合作现状 ……… (140)
 四 长江三角洲地区产业园区发展中存在的主要问题 ……………………………………………… (144)
 五 推进长江三角洲地区产业园区经济高质量发展的政策建议 ……………………………………… (150)
 参考文献 ……………………………………………… (157)

第六章 粤港澳大湾区产业园区经济发展现状及比较 ………………………………………… 李 鹏(160)
 一 粤港澳大湾区园区总体情况 …………………… (160)

二　粤港澳大湾区各城市园区主导产业发展
　　现状 ……………………………………………（165）
三　粤港澳大湾区园区产业合作现状 ……………（175）
四　粤港澳大湾区园区发展中存在的主要问题 ……（180）
五　推进粤港澳大湾区产业园区经济高质量发展的
　　政策建议 ………………………………………（186）
参考文献 ………………………………………………（190）

附　关于产业园区的重要政策汇总 ………… 崔志新（193）
　一　创新发展 ………………………………………（193）
　二　协调发展 ………………………………………（197）
　三　绿色发展 ………………………………………（198）
　四　开放发展 ………………………………………（200）
　五　共享发展 ………………………………………（202）

第一章　中国产业园区经济发展过程及其布局

刘佳骏

伴随我国改革开放以来40多年的高速发展，产业园区实现了发展规模和质量上的快速成长，已成为我国参与全球制造业价值链分工重要载体，优化产业空间布局的有力措施以及推动区域经济协同发展的强大动力。经历40多年的发展，我国产业园区建设取得诸多成就和成功经验，同时也遇到了一些亟待解决的问题，开发区与产业园区转型升级成为其必然选择，尤其是在新工业革命与新技术加速应用的背景下，未来中国产业园区的发展模式也将发生重大变化。基于此，本报告梳理了我国产业园区发展历程、成就与存在的问题，对新形势下我国产业园区的转型提出促进产业园区转型升级的政策建议。

产业园区（开发区）作为我国经济建设的重要增长极和对外开放的重要窗口，经历了40多年的发展，产业园区实现了发展规模和质量上的快速成长，已成为我国参与全球制造业价值链分工重要载体，优化产业空间布局的有力措施和推动区域经济协调发展的强大力量，成为保障我国经济稳定安全的"压舱石"。中国产业园区（开发区）经过40多年的发展，已经呈现涉及不同产业层次，覆盖广泛经济领域，多种类型互为补充的发展态势。园区产业结构和空间布局不断优化，在追求合理化和高端化的目标过程中取得了一定的成效。尤其是国家级产业园区，依托强大的政策支持和我国经济社会的高速发展需求，通过改造提升传统制造业，着力发展高新技术和战略性新兴产业，有效地促进了制造业与现代服务业的有机融合发展。同时，遵循城市制造业和生产性服务业由城市中心向城市外围的逐步转移的客观规律，园区作为这些产业空间布局的载体发挥了巨大的作用。

一 国家产业园区相关研究进展

近年来我国产业园区（开发区）转型升级研究可以归纳为以下3个方面：一是对产业园区转型升级方向的分析研究；二是对产业园区转型升级动力的分析研究；三是对产业园区转型升级模式的分析研究。

（一）产业园区转型升级方向研究方面

对产业园区转型升级方向的研究多为定性分析，近几年定量分析的引入加强了产业园区升级转型方向与路径的可靠性。唐承丽等将湖南省省级工业园区划分为4个层次并提出了差异化转型发展的建议[1]。郑国等认为产业园区演进的主要驱动力包括出口导向型经济和固定资产投资。[2]谷文琴等基于合肥经济技术开发区构建评价指标体系对其进行分析并确定了转型的方向和路径。[3]李自琼等对13个国家级经济技术开发区的创新和转化能力进行评估并明确了转型升级方向。[4]冯斌星认为"智能，绿色，服务，高端"成为园区经济发展的新方向和新目标。[5]

（二）产业园区转型升级动力研究方面

产业园区转型升级的动力主要来自外部和内部两个方面。外部动力主要来自国际国内形势的变化，如詹其桎[6]、朱仲羽[7]、王雄昌[8]、方建中[9]等认为，随着全球化竞争加剧，依靠吸引外资和增加出口带动产业园区发展的动力将日趋减弱，而政府主导的工业园区发展模式应当及时调整；内部动力主要从产业选择和组织角度进行分析，如沈宏婷[10]、李存芳等[11]、陈耀等[12]、卢弘旻等[13]、安礼伟等[14]认为，我国产业（工业）园区、开发区的产业结构单一，基本以劳动密集型、出口加工和装配产业类型为主，产业园区发展缺乏技术创新，关联性差，产业链集聚效应尚未显现。

（三）产业园区转型升级模式研究方面

产业园区的转型升级模式研究可以归结为产业组织、园区功能和体制机制3个方面。当前，国内针对园区功能产业组织领域与体制机制模式转型等研究相对较少。曹贤忠等从产业组织、体制机制和功能转型对芜湖经济技术开发区转型升级模式进行了计量测度分析和路径刻画[15-16]；陈家祥[17]、钟晟等[18]从产业组织与选择方面对园区产业转型升级模式进行了研究；杨忠伟等对园区的土地再开发模式进行了分析[19]；孙旭东等对产业园区未来转型为城市发展模式进行了分析，并提出了"营城"的相关策略[20]；魏宗财等[21]、沙德春等[22]针对园区管理与运行体制机制，通过归纳典型园区发展模式和转型情景比较分析，认为产业园区转型应通过市场主导、政府引导的渐进模式实现转型。

二 中国产业园区转型升级历程与成就

目前，我国常见的产业园区形式主要有经济技术产业园区与高新技术产业园区两种。回顾我国产业园区40年的发展历程，可以划分为4个阶段，经历了3次转型，并取得了辉煌的成就。

(一) 中国产业园区发展的4个阶段

从时间维度来看,追溯到20世纪70年代末蛇口工业园区的建立,我国产业园区发展已经走过了探索、起步、快速和稳步发展4个阶段;从空间维度来看,中国园区自经济特区肇始,到沿海开放城市、沿江城市、内陆城市,再到西部地区,在国土空间范围内已经形成多层次、多领域全面发展的空间格局;从发展类型来看,我国产业园区由工业园区、经济技术开发区、高新技术区等单一类型模式,逐渐向多功能、全方位、专业化、融合智慧化园区的方向发展(表1-1)。

表1-1　中国产业园区发展4个阶段的主要事件与特征

阶段	时间范围	主要事件	主要特征
探索阶段	1979—1983年	招商局在深圳创办蛇口工业区[①]	简单工业加工区,并对产业设置与园区运营制度进行初步探索
起步阶段	1984—1991年	首设经济技术开发区及高新技术区	明确产业园区功能,出口加工型园区成长快速,并出现保税区、金融贸易区等特殊类型园区
快速发展阶段	1992—2000年	邓小平南方谈话[②]	产业园区数量快速增长,分布范围逐渐扩大
稳定发展阶段	2001年至今	加入WTO	产业园区主要以制造业和传统服务业为主,园区经济效益弱化,同质化问题显现

---

① 1979年7月8日,蛇口五湾顺岸码头正式动工,招商局在深圳创办蛇口工业区,标志着中国第一个对外开放的工业园区诞生。

② 1992年之后,以邓小平同志南方谈话为契机,我国对外开放由沿海向沿江、沿边和内陆省会城市发展,由特区、经济技术开发区、保税区、高新技术产业开发区、边境自由贸易区等构成的多层次、全方位园区发展格局基本形成。

(二) 中国产业园区发展的 3 次转型升级

从我国产业园区的转型发展来看，目前我国开发区（产业园区）发展经历了 3 次转型升级，产业园区从单纯的产业集聚载体逐步向城市综合功能区、产城融合功能新区和创新型、智慧化园区发展。

表1-2　　　　中国产业园区 3 次转型升级的比较分析

阶段	时间	动力	路径	目标
第一次转型升级	2000—2010 年	外部面临经济全球化竞争压力，内部面临产业园区同质化、结构单一化压力	（1）制造业与服务业协同发展 （2）引导产业科学布局集聚 （3）园区运营模式企业化	城市综合功能区
第二次转型升级	2011—2014 年	世界金融和经济危机、全球资本与产业转移、要素成本上升、结构转型压力	（1）先进制造业和现代服务业融合 （2）产业集群化创新平台 （3）具备完善城市功能	宜居宜业、产城融合的城市新区
第三次转型升级	2015 年至今	"中国制造 2025"	（1）"制造业 2025" 产业示范园区建设 （2）产业园区创新能力建设 （3）园区产业链协同能力提升 （4）产业园区共性服务平台建设	园区开发重点以新兴产业、知识密集型行业为主，强化园区创新及智慧化功能

(三) 国家级产业园区建设取得的主要成就

在我国政策激励和经济社会发展需求的持续推动下，中国产业园区开发建设快速发展，质量、规模与数量快速提升，截至 2017 年年底，我国已经建立了 219 个国家级经济技术开发区、156 个国家级高新技术产业开发区。一方面国家级经济技术开发区已成为推动我国先进制造业集聚的重要功能载体，另一方面国家级高新技术区已成为践行国家创新驱动发展战略的重要平台。

1. 国家级经济技术开发区已成为推动我国先进制造业集聚的重要功能载体

兴办国家级经济技术开发区,是我国改革开放的一大创举,经济技术开发区是重点以发展知识密集型和技术密集型工业为主的特定区域,在开发区内实行针对经济特区的特殊政策优惠和机理措施。国家级经开区作为先进制造业集聚区和区域经济增长极,为带动我国部分区域率先发展做出了突出贡献,同时为我国产业技术积累、完善制造业体系奠定了坚实的基础。2006年国家级经济技术开发区生产总值突破1万亿元,到2017年219家国家级经济技术开发区的地区生产总值达8.9万亿元,年均复合增长率达11%,2017年国家级经济技术开发区生产总值占国内生产总值的11.3%(图1-1、图1-2)。

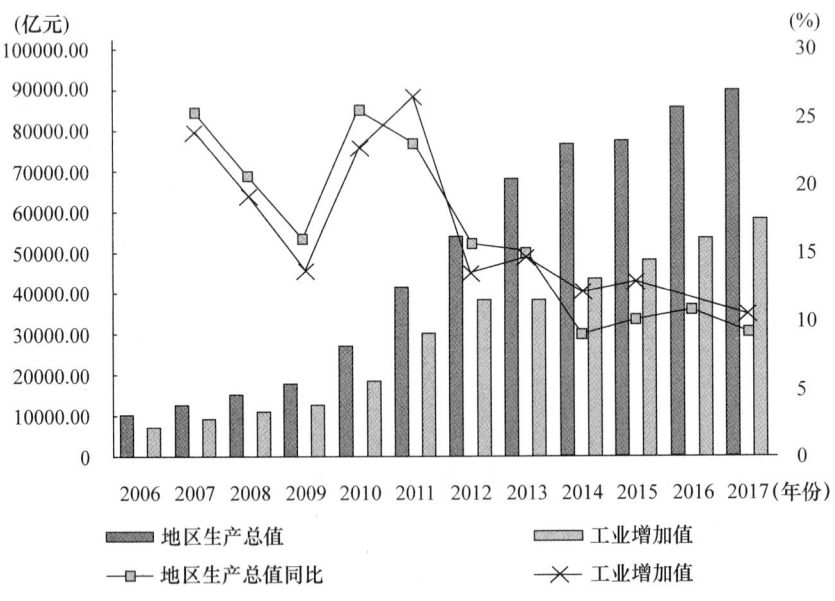

图1-1 国家级经济技术开发区地区生产总值、工业增加值与增速

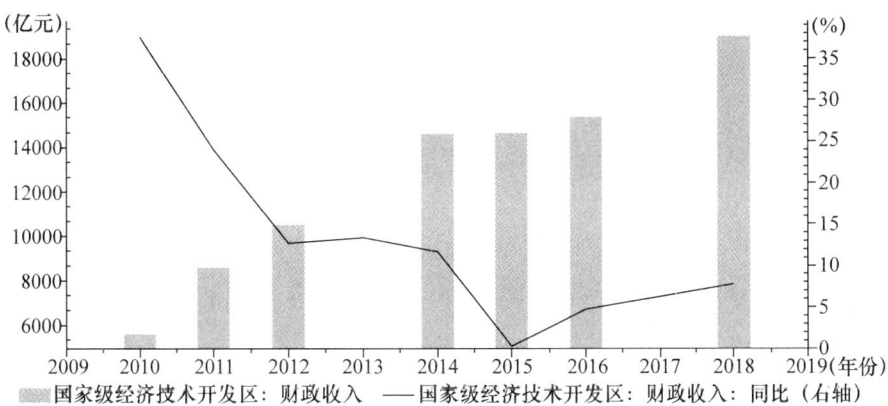

图1-2 国家级经济技术开发区财政收入情况

资料来源：Wind。

同时，国家级经济技术开发区一直是我国产业绿色化、低碳化、循环化发展的先行区与示范区。分区域看，开发区已成为推进区域协同发展与产业转移承接的重要先行区与功能载体，中、西部地区国家级经济技术开发区的地区生产总值和财政收入增幅均高于东部地区国家级经济技术开发区（见图1-3、图1-4）。从全国来看，商务部认定的国家级经济技术开发区一直是地方GDP和财政收入的重要支柱，在促进地方经济发展，提升对外开放水平上肩负着重要使命。

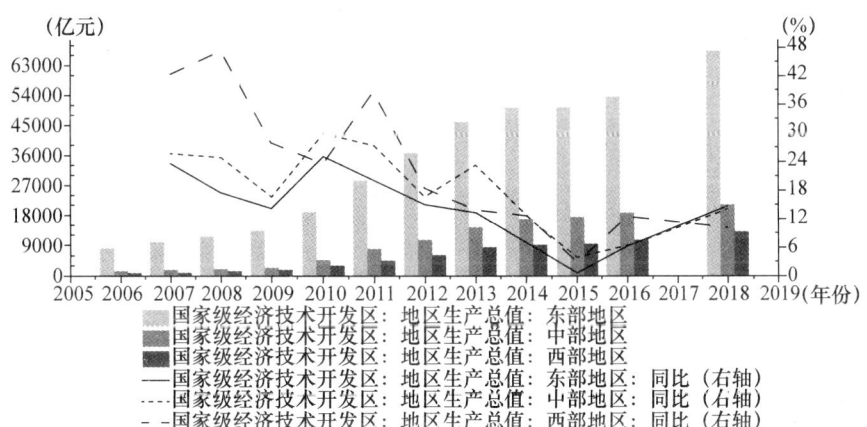

图1-3 东中西部国家级经济技术开发区生产总值情况

资料来源：Wind。

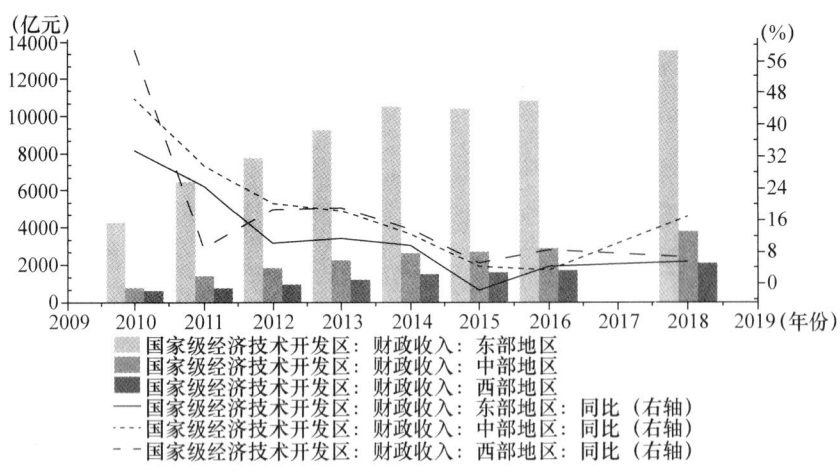

图1-4 东中西部国家级经济技术开发区财政收入情况

资料来源：Wind。

2. 国家级高新技术产业开发区已成为践行国家创新驱动发展战略的重要平台

兴办国家级高新技术产业开发区（以下简称"高新区"）目的在于依托园区智力密集和开放环境，完善与提升我国制造业体系和发展水平，优化产业布局和结构。经过40年发展，高新区在国民经济中的地位日渐突出，高新区创新实力大幅提升，高新区不断培育创新主体，产业向高质量发展迈进，从国家级高新区企业技术与商品收入和新区企业出口总额与变动情况看，国家级高新区已成为国家高新技术产业的重要载体和对外开放发展的重要窗口（见图1-5、图1-6）。

2017年国家级高新区生产总值总量达到95171.4亿元，占当年我国GDP比重的11.5%，年均复合增长率超过10%，国家高新区企业净利润达21420.4亿元，上缴税金17251.2亿元，吸纳就业人数接近2000万人，入园企业超过10万家，当年实际利用外资金额占全国的比重为36.9%。连续多年高新区企业研发投入占全国企业研发投入的比例超过40%，高新区内国家重点实验室等国家级科研机构约占全国的三分之二，全国一半以上的孵化器集中在高新区，创新产出效率远超全国[23]（见图1-7、图1-8、图1-9、图1-10、图1-11、图1-12）。

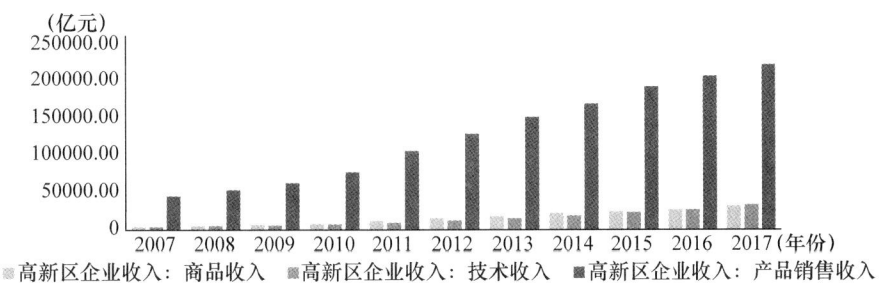

图1-5 国家级高新区企业技术与商品收入

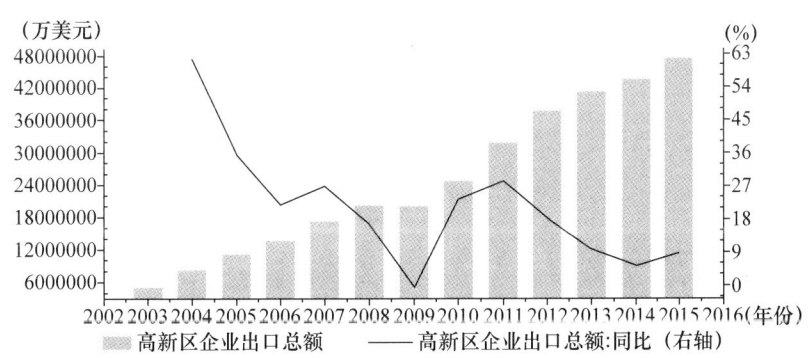

图1-6 高新区企业出口总额与变动情况

资料来源：Wind。

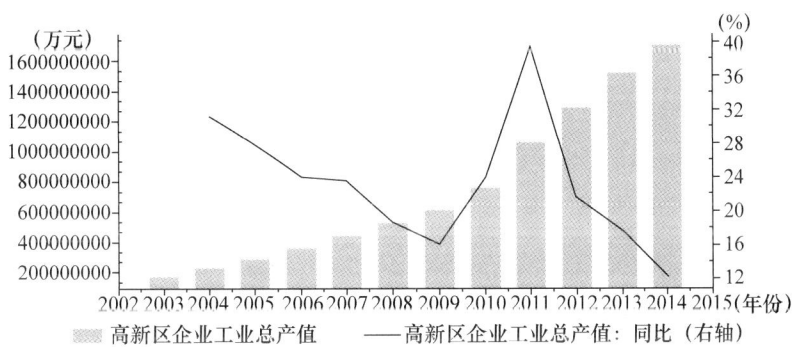

图1-7 高新区企业工业总产值与变动情况

资料来源：Wind。

10 国家智库报告

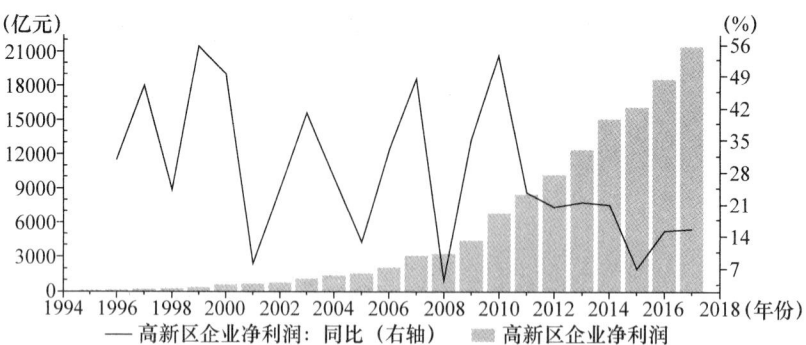

图1-8 国家级高新区企业净利润与变化情况

资料来源：Wind。

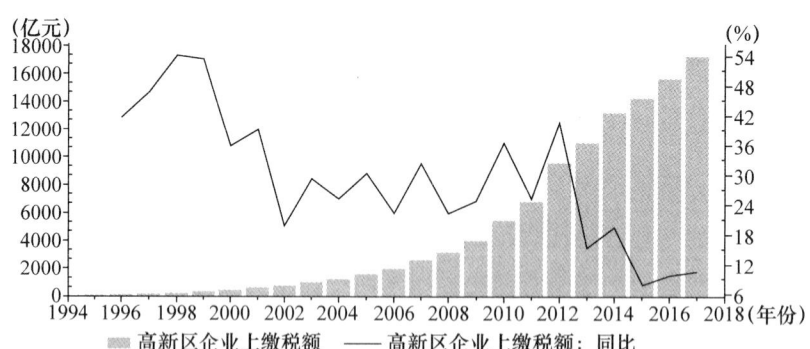

图1-9 国家级高新区企业上缴税额与变化情况

资料来源：Wind。

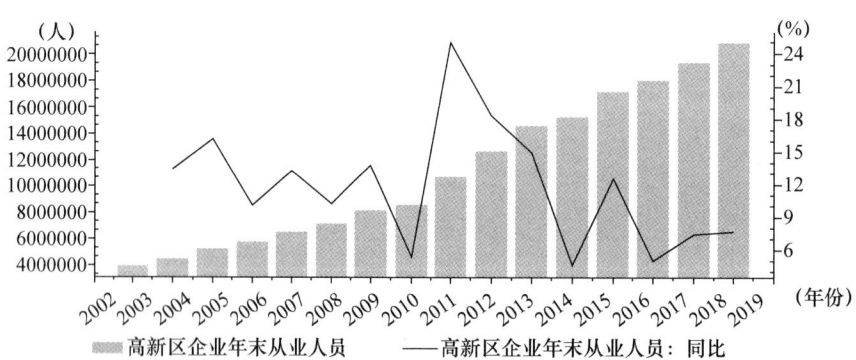

图1-10 高新区企业年末从业人员数与变动情况

资料来源：Wind。

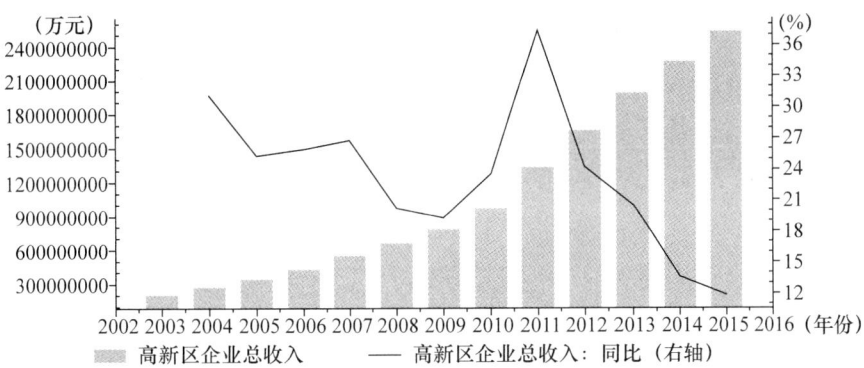

图 1-11 高新区企业收入与变动情况

资料来源：Wind。

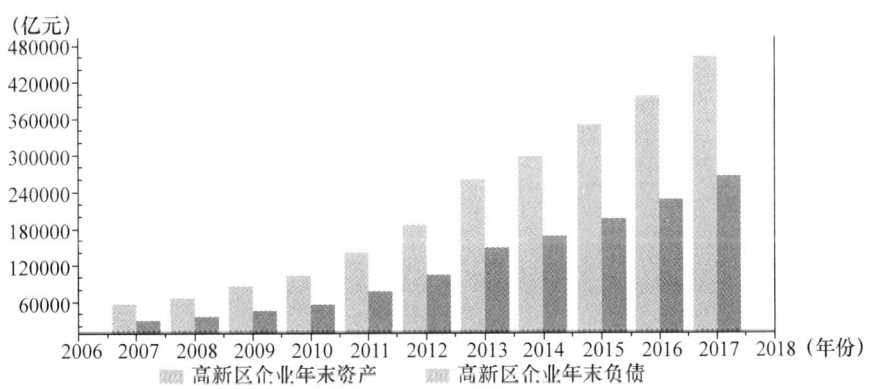

图 1-12 高新区企业年末资产负债情况

资料来源：Wind。

二 中国产业园区分布特征

从数量上看，根据《中国开发区审核公告目录（2018年版）》审核结果显示，国家级开发区有552家。从功能类型上看，我国国家级产业园区可分为国家级经济技术开发区（经开区）、国家级高新技术产业开发区（高新区）、海关特殊监管区、边境、跨境经济合作区和其他类型产业园区这五大类别。其中，数量最多的国家级开发区是国家级经济技术开发区，为219家，占国家级产业园区数量总数的39.67%;数量位于第二、三位的是国家级高新技术产业开发区和海关特殊监管区,数量分别为156家和135家,占比分别为28.26%和24.46%;边境、跨境经济合作区与其他类型园区的数量较少,分别为19家和23家,占比不足百分之五,分别为3.44%和4.17%(见图1-13)。

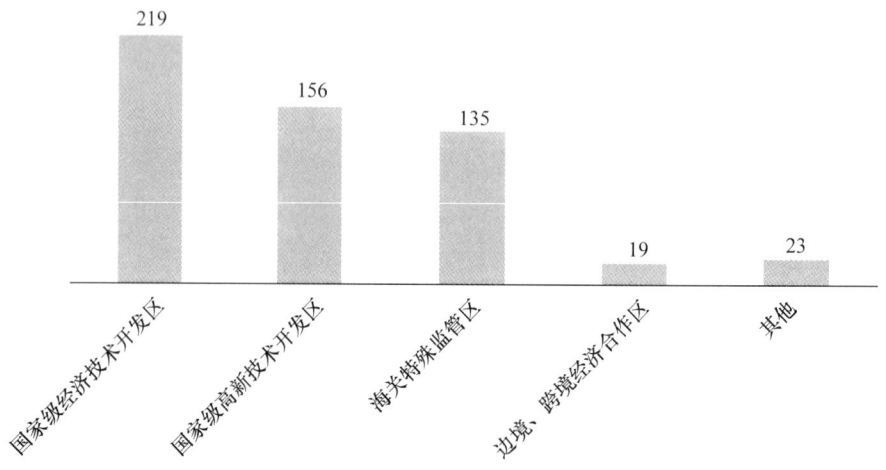

图1-13 2019年我国不同类型国家级园区数量(家)

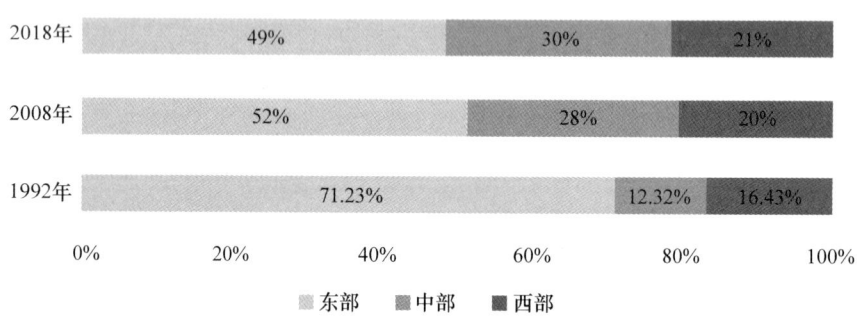

图1-14 1992年、2008年与2018年国家级产业园区域分布情况

从1992年、2008年与2018年,三个时间节点国家级产业园区的东、中、西部区域分布占比情况来看(见图1-14),东部地区国家级产业园区设置数量一直占全国较大比重,但是占比自1992年以来呈现下降趋势,占比从1992年的71.23%,下

降到 2008 年的 52%，到 2018 年东部地区国家级产业园区数量占比已经不到一半，为 49%；而中、西部地区的占比呈现上升趋势，截至 2018 年年底，中、西部地区国家级产业园区数量占比分别为 30% 和 21%，比 1992 年分别提升近八个和五个百分点。中西部地区国家级产业园区数量占比的提升，表明我国西部开发和中部崛起的国土空间开发战略取得了前所未有的成绩，国家级产业园区的中、西部地区加速布局，为推动中、西部地区产业承接，优化中、西部地区产业结构，提升区域经济发展质量，推进区域协调发展起到了十分重要的作用。

从总体分布、国家级园区和省级园区三方面总结我国产业园区分布特征：一是总体分布，产业园区与开发区依附于大城市周边，呈现出大分散、小集中的分布特点；二是国家级园区，园区江苏、浙江和山东数量多，江苏、广东、北京和武汉发展质量好；三是各省级园区，河北、山东、河南、四川、湖南、江苏和广东省级园区数量超过百家。

（一）总体分布：产业园区与开发区依附于大城市周边，呈现出大分散、小集中的分布特点

从开发区的全国国土空间分布来看，中国产业园区（开发区）建设总体布局上呈现出"东南密、西北疏"并延东部海岸线和长江岸线"T"形延展的空间分布特征，由于受限于自然资源、气候环境、交通区位人力资源、区域市场和产业基础等因素，产业园区（开发区）的分布与"胡焕庸线"以及中国自然、生态区划高度相关；同时，产业园区（开发区）"T"形的空间分布与我国国土空间开发格局重合，反映我国产业园区设置承担了重要的国土开发和经济发展功能。

1. 绝大多数产业园区分布在"胡焕庸线"的东南区域，且占比较为稳定

从我国产业园区（开发区）的空间分布数量来看（见

图1-15),占全国开发区总数89.95%的产业园区分布在"胡焕庸线"的东南区域,各类园区数量达2273个,其中国家级经济技术开发区、国家级高新技术开发区、海关特殊监管区数量占全国比重分别达90.67%、92.64%和93%,在空间上呈现明显的集聚特征,这一集聚特征要强于东、中、西部数量占比,一定程度上显示了我国园区经济在承担产业发展的同时也集聚了大量的人口,为实现当地和周边地区的充分就业起到了重要作用。人口和产业的集聚必然带来城市的拓展和城市能级的提升,国家级产业园区在"胡焕庸线"的东南区域的空间集聚发展,为我国城市群发育发展也奠定了基础。

2. 产业园区在"胡焕庸线"两侧出现了组团分布的态势,并向西扩散

从产业园区(开发区)的设置的时间序列上来看,在国家区域发展战略的推动下,我国产业园区在"胡焕庸线"两侧出现了组团分布的态势。在呼包鄂、宁蒙沿黄、兰西格、关中城市群和成渝城市群范围内出现了基于地区市场和向西开发以及产业承接功能的产业园区布局,这些在"胡焕庸线"两侧出现的产业园区(开发区)集聚板块,为我国国土空间开发突破"胡焕庸线"提供了重要的实践抓手,尤其是西北地区的产业园区布局,能够充分发挥西部地区的能源资源优势,依托承接产业转移,极大地带动了西北地区产业发展和人口集聚,为西部地区经济社会发展起到了十分重要的作用。

3. 园区面积与数量的空间总体分布格局基本一致,面积占比略低于数量占比

从产业园区(开发区)设置的规划面积与建成区面积来看,基于整理相关规划文件与地理统计的结果,截至2018年年底,分布在"胡焕庸线"东南区域的各类产业园区(开发区)建成区面积规模达15100平方公里,相当于整个北京市的面积,占全国产业园区面积比重的86.32%。同时,不难发现,我国各类产业园区（开发区）在面积与园区数量方面的国土空间总体分布格局呈现出基本一致的格局，但是面积占比略低于数量占比，一定程度上显示出位于"胡焕庸线"西北地区平均单个园区的占地面积要明显高于地处"胡焕庸线"东南区域的产业园区，结合产值看，西部地区的产业园区地均产出偏低，土地利用效率较低，一方面是因为西部地区产业园区落地项目较东部地区落后，另一方面也反映出西部地区产业园区整体效益与效率偏低。

进一步分析，从整个国土空间来看，我国产业园区（开发区）的建成区面积体量占整个可开发国土面积的比重更是十分微小，占比不足1%。从另一角度说明了我国的国土开发强度还有待提升，而一国的国土开发强度一定程度上反映出一国的综合国力和经济发展水平，开发区和产业园的发展是优化国土空间开发、科学布局产业的重要手段。

4. 开发区（园区）的空间分布与城市群的分布高度一致，呈现出多核集聚特征

从我国各类型、各级别开发区（产业园区或工业园区）的总体分布情况来看，在整个国土空间范围内，开发区（产业园区）数量与面积的空间分布格局与城市群的分布具有一致性，呈现出以城市群为依托的多核、轴带集聚特征。一是东部沿海产业园区集聚带，主要以环渤海地区（辽东半岛、京津冀、山东半岛），长江三角洲地区、粤港澳大湾区城市群与核心城市为依托形成的沿海带状开发区（产业园区）集群区域；二是中部长江中游和中原产业园区集聚板块，主要以长江中游城市群（包括武汉城市圈、长株潭城市群和南昌—九江鄱阳湖城市群）和中原（郑洛新）城市群与核心城市为依托形成的块状开发区（产业园区）集群区域；三是西部地区产业园区集聚群落，主要以成渝、兰西格、呼包鄂、宁蒙沿黄（银川—乌海）、关中（西咸—杨凌新区）和天山北坡城市群与核心城市为依托形成的开发区（产业园区）集聚群落。不难发现，我国产业园区的空间分布格局与我国国土空间的"T"形开发战略高度吻合，同时园区聚落也主要集中在"胡焕庸线"东南侧。这些开发区（产业园区）集聚区域与轴带，在产业组织上逐渐形成了依托独特的产业链进行分工与协作的模式，在空间上开发区集群与城市群发展过程中形成了相互促进、相互支撑的螺旋共生发展模式。总体上讲，开发区（产业园区）是我国推动区域协调发展，实现国土空间高效开发的重要平台与载体。

（二）国家级园区：江苏省、浙江省和山东省数量多，江苏省、广东省、北京市和武汉市发展质量好

依据 2018 年版《中国开发区审核公告目录》，截至 2018 年，全国共有 219 家国家级经济技术开发区，159 家高新技术产业开发区，分布在 30 个省市（仅西藏自治区暂未设立国家级高新技术产业开发区）。江苏省、浙江省、山东省、安徽省、江西省、河南省、河北省、福建省国家级产业园区（开发区）超过 10 家，江苏省数量最多，共计 26 家，浙江省以 21 家国家级产业园区（开发区）排名第二，山东省国家级产业园区（开发区）数量达到 15 家位居第三。

截至 2018 年年底，全国共有 135 家国家级海关特殊监管区，分布在全国 27 个省市，由于历史和区位原因，目前，山西省、青海省、宁夏和西藏自治区暂未设立国家级海关特殊监管区。江苏省、广东省和上海市的国家级海关特殊监管区数量约占全国总数的三分之一。其中，江苏省、广东省和上海市三个地区的海关特殊监管区数量最多，分别为 21 家、12 家和 10 家，合计占比 31.85%。

截至 2018 年年底，全国共有 19 家国家级边境、跨境经济合作区，依托边境、跨境经济合作区设立建立起 7 个沿边开放城市，分布在我国边境地区的云南省、新疆维吾尔自治区、内蒙古自治区、吉林省、黑龙江省、广西壮族自治区和辽宁省 7 个地区（边境城市）。边境、跨境经济合作区基本选址在边境口岸城市附近，一方面考虑到这些我国沿边重要的开放城市是边境地区的重要口岸，也是发展边境贸易和加工出口的重点区域，是我国延边地区对外开放的重要门户和桥头堡，同时，选择边境城市设置边境、跨境经济合作区，在区位上方便双方交流合作，减少物流成本，结合口岸海关设施，便于实现保税加工和保税贸易；另一方面，边境地区大部分是我国少数民族聚居地，依托合作区的建立，带动边境城市与人口集聚，推进民族融合与民族地区发展，进一步促进延边开放与产业发展，巩固边疆地区发展，是我国兴边富民的重要战略举措。

国家级海关特殊监管区的设置一方面与地理位置相关，另一方面与经济发展水平，产业结构状况，对外开放水平也紧密相关，随着"一带一路"建设的持续推进，中西部地区未来沿欧亚大陆桥"渝新欧"国际铁路等中欧班列的重点集结城市的海关特殊监管区、边境、跨境经济合作区的建设水平与发展质量将得到较大提升，而东部沿海地区一方面受到"陆上丝绸之路"建设的推进牵引，同时依托"21 世纪海上丝绸之路"建设的推进，一些重点城市、港区国家级海关监管区、边境、跨境经济合作区将在自贸区、自贸港等领域进行深入探索，提升发展质量。

（三）各省级园区[①]：河北、山东、河南、四川、湖南、江苏和广东省级园区数量超过百家

截至 2018 年年底，全国共有 1991 家省级各类开发区（产

[①] 这里说的省级开发区指省级经济开发区、工业园区和高新技术产业园区，而国家级开发区则主要包括国家级经济技术开发区和高新技术产业开发区。

业园区),分布在全国31个省市区。经省级部门核准的各类省级开发区(产业园区)数量超过100家的省份有河北省、山东省、河南省、四川省、湖南省、江苏省和广东省7个省(见表1-3),这一数量还不包括地方为促进本地经济发展而设立的各类产业、工业园,以河南省为例,全省管委会为行政处级的各类园区超过180家。

表1-3　2018年中国各省市区升级产业园区(开发区)数量　　单位:家

省市区	产业园区数量
河北省	138
山东省	136
河南省	131
四川省	116
湖南省	109
江苏省	103
广东省	102
安徽省	96
湖北省	84
浙江省	82
江西省	78
黑龙江省	74
内蒙古自治区	69
福建省	67
云南省	63
辽宁省	62
新疆维吾尔自治区	61
甘肃省	58
贵州省	57
广西壮族自治区	50
吉林省	48

续表

省市区	产业园区数量
重庆市	41
陕西省	40
上海市	39
天津市	21
山西省	20
北京市	16
青海省	12
宁夏回族自治区	12
西藏自治区	4
海南省	2

从各类省级开发区（产业园区）的分布情况看，其密集分布于"胡焕庸线"东南区域的特征更为明显，同时也更明显地集聚于各大城市群内部，如京津冀、长三角、粤港澳、成渝城市群、长江中游城市群、中原城市群、关中平原城市群、北部湾城市群。近年来由于国家级产业园区的批复数量减少，各省为了提高本省的产业发展水平，提升各省吸引和承接产业的竞争力，加大了对本省各类产业园区的发展投入和质量监督工作力度，积极对接国家重大发展战略和产业政策，针对性地设置特色功能园区，与区域内国家级园区形成产业链、供应链分工和错位发展。

四 中国产业园区发展存在的问题

经过40多年的发展，中国产业园区经济虽然取得了显著成绩，但也出现了不少问题。随着国际国内环境面临的百年未有之大变局，世界经贸格局骤变，新冠肺炎疫情等不可预知的突发灾害，我国产业园区（开发区）发展建设面临的瓶颈制约和风险日益增加。伴随着不可避免的全球新一轮产业转移，如何提升我国境内产业园区发展质量与竞争力，留住并吸引产业项目落地，避免大规模制造业外迁，对我国产业园区的空间规划、功能布局、新型基础建设等方面提出了更高的要求。

目前，我国产业园区发展存在的问题归纳起来，主要表现在以下四个方面：一是园区主导产业趋同，同质化特征明显；二是开发过程"重量轻质"，难以形成合理分工布局；三是园区政策依赖性强，要素利用率较低；四是产业迭代缓慢，园区功能与产业转型升级受阻。

（一）园区主导产业趋同，同质化特征明显

我国产业园区建设已基本完成了要素集聚、规模和数量扩张的任务，并在2003年进行了全面的清理和整顿，产业园区逐步进入转变发展方式、优化资源配置、全面提升效率与发展质量阶段。目前，产业园区特色化发展是提升园区发展质量面临的首要问题。我国很多地方的园区建设和发展主要是受到其他地区成功经验的影响，带有一定程度的跟风性质，没有与当地经济发展特点和资源禀赋相结合，导致园区规划不完善、定位不明确，大部分园区没有形成自身的发展特色。部分地区在推进产业园区开发建设过程中，落地园区产业项目或企业没有统筹和长远规划，过分追求产业园区短期产生经济效益指标，背离不同类型产业园区的发展目标，对主导产业重点培育产业定位不清晰。进入产业园区企业在选择产业投资项目时也表现出盲目性，投资策略以当地产业园区政策支持力度、税收减免力度来进行选择，产业项目与功能同质化倾向日趋严重，已经背离了我国产业园区建设的政策初衷。

（二）开发过程"重量轻质"，难以形成合理分工布局

目前，我国产业园区中的许多入驻企业因没有依据产业链

形成专业分工,所以仍处于"低效率区"。各个地方盲目冒进新建各类产业园区,产业园区建设"重数量,轻质量"特征明显,目前,平均每个地级市拥有4.8家省级及以上产业园区。部分地区产业园区内产业发展领域表现出"重企业、轻产业"的不良现象,企业更多的是各自为战,未能形成产业链上下游合作的整体力量。产业园区的分类管理模式也导致了园区内产业缺少合理的分工,而相关的短期考核目标,迫使园区走向综合化,而不是集中化、专业化的特色产业区,由此而导致的产业园区产业结构、技术积累、要素集聚和所处制造业价值链位置不足以支撑产业园区经济发展质量的提升。甚至在部分国家级经济开发区或者高新技术开发区内企业盲目跟风,大量企业从事电子信息、生物医药、工程机械等行业,缺乏基于地区实际的特色产业和适应新工业革命和全球制造业格局变化的技术与人才积累,园区内产业链的分工协作发展也没有形成。

(三) 园区政策依赖性强,要素利用率较低

目前,我国许多产业园区的建设主要还是依靠政府推动,如土地开发、基础设施建设等,都主要由政府投资。另外,产业园区为入驻企业提供大量的政策优惠,优惠政策的实施可以吸引一些具有示范效应的大项目和大企业入园,但是也会增强企业的依赖性,影响产业园区市场化运营机制的建立。同时,各个地区产业园区运营各自为政,为了招商引资而不顾园区经营效益,无底线提高政策优惠额度,许多科技企业入园的动因主要是享受国家给予园区的优惠政策,而不是产业园区的产业集群效应。自2012年以来,中国产业园区数量不断增加与传统产业产能过剩的不平衡态势加剧。中国产业园区整体空置率高达43.2%,即使在商务发达的上海,商业园区的空置率也超过10%、部分地区的园区空置率甚至超过20%。[24]过高的空置率严重挤压入驻产业园区内的企业利润率并影响其资本使用效率。

（四）产业迭代缓慢，园区功能与产业转型升级受阻

但是从目前情况看，我国产业园区中大多数仍是以第一、第二产业为主，高耗能、高污染的情况比较突出。尤其在县级及以下工业园区，运营中的违规生产、超标排放、监管缺失等因素，导致园区环境隐患不断。[①] 面对新一轮技术革命和产业转移，我国产业园区对产业转型升级支撑要素不足，自主创新能力与生态、智能制造配套、智慧园区建设等方面的欠缺严重制约了产业园区发展。由于历史和政策原因，我国各类型产业园区基本上承载了该地区所有产业项目的落地，园区可利用空间不足、土地利用效率不高、受制于地方财政税收原因，传统产业转移效率不高，产业迭代缓慢，新型高新技术产业难以落地，严重阻碍了产业园区转型升级。产业园区难以迅速转型对地方经济发展的带动效应减弱，本应作为区域增长极与创新动力源的产业园区甚至在一定程度上拖累了地方经济进一步向高质量发展。

参考文献

［1］唐承丽、周海兰、周国华等：《湖南省级产业园区转型升级提质的顶层设计》，《经济地理》2013 年第 1 期。

［2］郑国、张延吉：《基于要素演替的国家级开发区转型研究》，《经济地理》2014 年第 12 期。

［3］谷文琴、陈芳：《合肥经济技术开发区经济实力评价及

---

① 根据 2017 年中央环保督察结果，产业园区环境污染问题比较突出，某省 163 个省级以上工业园区中有 24 个未建成污水集中处理设施，全国超过 80% 的省市存在着工业园区污染问题。资料来源：《我国现有各级工业园区超 7000 家园区环境污染已成共性问题》，http：//cj.sina.com.cn/k/article/author_article/2137950223。

转型发展研究》，《重庆三峡学院学报》2015年第5期。

［4］李自琼、李向东、陈晓雪：《基于灰色关联度的开发区创新转型能力综合评价研究》，《宏观经济研究》2015年第12期。

［5］冯斌星：《新常态下加快园区产业转型升级的路径研究》，《宝鸡文理学院学报》（社会科学版）2017年第6期。

［6］詹其柽：《我国经济技术开发区面临的新挑战及战略转型》，《亚太经济》2001年第1期。

［7］朱仲羽：《经济国际化进程与经济性特区功能形态的演变：兼论中国开发区的转型取向》，《世界经济》2001年第12期。

［8］王雄昌：《我国开发区转型的机制与动力探析》，《现代经济探讨》2010年第10期。

［9］方建中、邹红：《江苏科技园区转型升级研究》，《科技与经济》2010年第6期。

［10］沈宏婷：《开发区向新城转型的策略研究——以扬州经济开发区为例》，《城市问题》2007年第12期。

［11］李存芳、王世进、汤建影：《江苏经济开发区向创新型经济转型升级的动因与路径》，《经济问题探索》2011年第10期。

［12］陈耀、李允丰、生步兵：《开发区转型升级的"扬州模式"研究》，《南京社会科学》2011年第3期。

［13］卢弘旻、杜宁：《上海青浦产业园区转型发展研究》，《城市规划学刊》2012年第7期。

［14］安礼伟、张二震：《论开发区转型升级与区域发展开放高地的培育——基于江苏的实践》，《南京社会科学》2013年第3期。

［15］曹贤忠、曾刚：《基于熵权TOPSIS法的经济技术开发区产业转型升级模式选择研究——以芜湖市为例》，《经济地理》

2014 年第 4 期。

［16］曹贤忠：《经济技术开发区转型升级影响因素实证分析——以芜湖为例》,《石家庄经济学院学报》2015 年第 1 期。

［17］陈家祥：《开发区产业转型及其规划对策研究——以南京高新区为例》,《江苏城市规划》2014 年第 8 期。

［18］钟晟、徐刚、邹鑫：《文化创新促进高新区产业转型升级研究——以中山市火炬开发区为例》,《科技进步与对策》2014 年第 17 期。

［19］杨忠伟、陆媛、华晔：《分类指导下的开发区土地合作再开发模式研究》,《现代城市研究》2014 年第 3 期。

［20］孙旭东、慕野：《后开发区时代下的"营城"战略探讨——以海南澄迈县老城工业开发区为例》,《规划师》2015 年第 9 期。

［21］魏宗财、王开泳、陈婷婷：《新型城镇化背景下开发区转型研究——以广州民营科技园为例》,《地理科学进展》2015 年第 9 期。

［22］沙德春、王文亮、肖美丹等：《科技园区转型升级的内在动力研究》,《中国软科学》2016 年第 1 期。

［23］中国政府网：《国家高新区创新能力评价报告（2018）》,http：//www.gov.cn/xinwen/2018 - 12/26/content_5352256.htm,2018 年 12 月 26 日。

［24］搜狐网：2015 年中国（国际）产业园区发展高层峰会,http：//www.sohu.com/a/43631986_193867,2015 年 12 月 7 日。

［25］搜狐网：传统工业园区转型升级的七种路径,https：//www.sohu.com/a/169126262_764264,2017 年 9 月 2 日。

［26］胡森林、周亮、滕堂伟、庄良：《中国省级以上开发区空间分布特征及影响因素》,《经济地理》2019 年第 1 期。

［27］高超、金凤君:《沿海地区经济技术开发区空间格局演化及产业特征》,《地理学报》2015年第2期。

［28］张晓平:《我国经济技术开发区的发展特征及动力机制》,《地理研究》2002年第5期。

［29］刘佳骏、汪川:《"一带一路"沿线中国海外合作园区建设与发展趋势》,《清华金融评论》2019年第9期。

［30］刘佳骏:《"一带一路"沿线中国海外园区开放发展趋势与政策建议》,《发展研究》2019年第8期。

［31］刘佳骏:《产业园区转型升级的政策建议》,《中国房地产》2020年第8期。

［32］刘佳骏:《中国产业园区转型升级历程与政策建议》,《重庆理工大学学报》(社会科学版)2019年第9期。

第二章　产业园区经济高质量发展评价指标体系构建

刘佳骏　李　鹏

我国产业园区建设取得诸多成就和成功经验，同时也遇到了一些问题。党的十九大报告中明确指出，我国经济已由高速增长阶段转向高质量发展阶段，高质量发展已经成为当前宏观政策制定和管理的重要目标。加快建立园区高质量发展评价体系，从经济发展质量、协同协调质量、创新生态质量、生态环境质量、开放共享质量和管理服务质量多个方面，选取统计定量指标，对我国开发区（产业园区）的发展质量水平进行客观定量与定性评价，有助于引导产业园区高质量发展，有助于保持经济持续健康稳定增长，是我国经济社会高质量发展的重要组成部分。[1]产业园区（开发区）是我国经济发展的主要载体和核心引擎，推动产业园区的高质量发展对经济的高质量发展具有决定意义。建立产业园区高质量发展评价指标体系，从经济质量、创新活力、环境质量、资源效率、管理质量等维度，对产业园区高质量发展水平进行客观评价，有助于引导产业园区实现高质量发展，及时应对和化解系统性风险，促进我国经济持续健康稳定增长，实现高质量发展。

一 高质量发展内涵与相关评价体系梳理

构建我国产业园区（开发区）高质量发展评价体系与指标选择，必须要首先明确高质量发展的理论基础、内涵、目标、机制与实现路径，以及针对高质量发展要求，开展产业园区分工合作评价的逻辑框架与重点测度指标方面的国内外研究。基于此，本报告首先对高质量发展、评价指标体系领域目前学者的代表性研究成果进行梳理。

（一）高质量发展的内涵阐释研究方面

党的十九大报告首次指出，中国特色社会主义进入新时代，社会的主要矛盾发生变化，经济发展从高增长转向高质量发展阶段。国内学术界针对高质量发展的理论基础、内涵、目标、机制、路径与政策措施进行了深入解读和阐释。金碚（2018）对"高质量发展"的经济学理、逻辑框架与动力机制进行了系统阐释，认为高质量发展要求是市场经济工具理性与经济发展本真理性的有效契合[2]；高培勇等（2019）对高质量发展的现代化经济体系建设框架进行了阐释，认为现代化经济体系建设是社会经济系统的综合转型，是中国经济走向高质量发展的必由之路[3]；刘志彪（2018）认为高质量发展阶段需要构建包括发展战略转型、现代产业体系建设、市场体系深化、分配结构调整、空间布局结构优化、生态环境的补偿机制以及基于内需的全球化经济等在内的支撑要素[4]；史丹等（2018）认为推动高质量发展必须要持续深化体制改革，营造良好的市场环境，以应对高质量发展阶段面临的新矛盾、新问题。[5-10]陈昌兵（2018）、师博等（2018）、蒲晓晔等（2018）针对高质量发展的动力转换机制与结构优化机理进行了深入阐释，认为通过技术创新推动经济结构转型升级、高端化发展，实现发展动力的

转变,以完善现代化市场体系为基础,探索供给侧结构性改革与高质量发展相协调的发展路径。[11-13]

(二) 高质量发展的评价体系构建研究方面

由于高质量发展的概念兴起于国内,国外相关经典理论是高质量发展内涵的理论基础。目前国内学者针对高质量发展的评价体系构建研究方面主要集中在国家与区域宏观层面和产业、企业微观层面两个领域。在国家整体与区域研究层面,张军扩等(2019)基于对高质量发展的目标要求和战略路径初步构建了高质量发展测度指标体系的基本框架设想,以反映高效、公平和绿色可持续的高质量发展目标[14];任保平等(2018)认为新时代中国高质量发展的决定因素包括:人口、资源环境、资本积累、技术进步、对外贸易、制度因素的质量状况,提出经济社会高质量发展的评判体系包括:高质量发展的指标体系、政策体系、标准体系、统计体系、绩效评价体系、政绩考核体系[15-16];刘思明等(2019)运用2009—2016年40个主要国家的数据,编制创新驱动力指数,通过面板数据模型考察其对经济高质量发展的影响,认为创新驱动是实现高质量发展的关键[17];徐现祥等(2018)认为地方政府将政策工具转向创新驱动发展,能够实现经济高质量和可持续发展,终结"中国经济崩溃论"。[18]在产业、企业微观层面;李金昌等(2019)、徐瑞慧(2018)、魏敏等(2018)认为效率、动力、效益是高质量发展评价方向普遍涵盖的三个主要维度,并进行了相关定量实证分析。[19-21]在企业高质量发展研究层面,黄速建等(2018)、刘现伟等(2018)分别针对国有企业与民营企业的高质量发展,构建了实现企业高质量发展的逻辑框架。[22-26]

建立产业园区(开发区)高质量发展综合评价指标体系,可以为政府、企业和园区等利益相关主体提供一个量化的评判体系与标准,选取可以量化的统计指标,通过层次分析与客观评价方法,能够及时了解我国产业园区（开发区）发展的整体情况与运行质量，也能够通过带有信息表征的指标，深入详细了解到园区复杂系统下的每个子系统运行状况是否良好，发展是否均衡，存在什么问题，如何采取针对性的措施，为各级政府部门制定政策、园区科学管理、企业及时调整生产经营决策提供相对精确的决策支撑，从而提升产业园区（开发区）高质量发展能力与水平。

基于此，本报告依据高质量发展的内涵、维度与目标，梳理相关评价指标体系，建立能够全面反映我国产业园区（开发区）运行与高质量发展建设成效的评价体系，选取定量指标，进行综合分析评价，以期为科学评价我国产业园区（开发区）建设运营状况，发现存在的问题，分析原因，探寻针对性的解决措施与路径，为适应未来新形势和新技术革命背景下的产业园区转型与发展趋势，明确产业园区（开发区）发展的重点方向、政策制定提供科学依据。

二 产业园区高质量发展评价指标体系构建原则

国家级产业园区在我国经济社会发展和对外开放过程中具有重大意义及核心作用，科学评价我国产业园区合作的发展质量，找准高质量发展提升的思路与重点，对我国经济社会发展中的每一个节点都具有重要意义。产业园区发展质量的内涵与实质是对区域经济社会发展的贡献和拉动作用。2020年7月17日，国务院印发《关于促进国家高新技术产业开发区高质量发展的若干意见》（以下简称《意见》），为促进国家高新区高质量发展，继续发挥高新技术产业开发区的示范引领和辐射带动作用，明确提出了我国高新技术产业开发区未来的发展方向。随着经济发展水平的提高，对产业园区（开发区）发展质量的要求越来越高，产业园区发展质量的内涵也随之不断丰富和提高，最终达到提升国家整体经济高质量发展的效果。

《意见》中明确提出国家高新技术产业开发区应继续坚持"发展高科技、实现产业化"方向，以深化体制机制改革和营造良好创新创业生态为抓手，以培育发展具有国际竞争力的企业和产业为重点，以科技创新为核心着力提升自主创新能力，围绕产业链部署创新链，围绕创新链布局产业链，培育发展新动能，提升产业发展现代化水平，将国家高新区建设成为创新驱动发展示范区和高质量发展先行区。[①] 基于这一思维逻辑，本报告构建我国产业园区高质量发展评价体系要坚持创新、协调、绿色、开放、共享新发展理念，在全新的发展理念指导下，以及相关标准和定量指标来指导监测我国产业园区（开发区）发展质量转型、提升与智慧化升级的全过程。按照新发展理念，坚持系统联系与科学性、全面与目标导向性以及可获取与可操作性原则，构建我国产业园区（开发区）高质量发展评价指标体系，选取能反映创新力、协同度、绿色生态、开放和共享力等各项指标，对各省市区国家级产业园区发展进程进行全面监测，以期全面客观反映我国产业园区（开发区）发展质量和运行状况。

（一）系统联系与科学性原则

国家级合作产业园区高质量发展评价指标体系设计要以高质量发展理念为指导，体现国家级合作园区高质量发展的目标与任务的要求，选择的指标之间要有严密的逻辑关系，既相互独立，彼此间有机联系，共同构成一个系统，全面反映国家级产业园区建设质量和未来高质量发展方向。国家级产业园区高质量发展评价体系必须更加注重反映合作园区的发展质量、结构和效益的相互融合，更加注重反映国家级园区建设对当地人

[①] 《国务院关于促进国家高新技术产业开发区高质量发展的若干意见》国发〔2020〕7号，2020年7月。

民日益增长美好生活需求的满足与国家经济社会发展的战略的契合，通过指标评价能够全面客观地反映目前国家级园区的建设质量及其产生的外部性。

（二）全面与目标导向性原则

关于产业园区高质量发展评价的指标选取与设定，要从全局科学的视角，每一项指标的选取都要遵循能够对经济社会发展客观现实的独立表征性和凸显性，同时，指标也要能够反映出某一产业领域、产业链环节的发展质量水平与特征。设立国家级产业园区高质量发展评价指标体系的目的主要是评定国家级产业园区的建设发展情况，通过产业园区的设立能否带动区域产业发展质量提升、促进科技创新、带动就业以及经济社会发展，以及产业园区外部性能否持续，为相关投资企业建园入园投资决策提供参考，同时为政府制定相关政策全面提升产业园区发展质量提供科学依据。

（三）多维度与多层次性原则

国家级产业园区高质量发展评价是一个复杂的系统性工程，关键就是建立一个涵盖国家级产业园区高质量发展所有维度，同时层次清晰的指标体系。为此，国家级产业园区高质量发展评价体系的构建要按照新发展理念，设置国家级产业园区外部投资环境、园区企业入驻与运营经济性、园区运营对本地的社会性、人文性、环境治理、人才培养、科技创新等产生的外部性效应，针对此构建多维度、多层次指标体系，针对高质量发展的维度选取相应指标，从而使得指标能够更有针对性并能够全面地反映我国产业园区建设质量。

（四）可获取与可操作性原则

本报告构建的我国产业园区（开发区）高质量发展状况与运

行评价监测指标体系，既需要以规范性、稳定性、可比性、综合性的统计指标为基础，又需要以具有客观性、鲜活性、及时性的大数据作为补充，便于进行长期性、跟踪性、趋势性研究和跨时间、跨区际的横向比较研究。国家级产业园区高质量发展评价指标的选择要兼顾可获取性与可操作性。国家级产业园区高质量发展包含多个维度和层次，指标体系不能简单套用之前国内产业园区或高新区发展质量评价的所有内容指标，而是要有所舍弃，要考虑所选指标的代表性，选择既能够客观反映国家级园区发展质量的建设情况与成效的简明关键性指标，同时又要考虑到统计部门对指标获取的可能性，兼顾数据来源的公共性和权威性，即所有数据尽可能是公开、连续的，确保国家级产业园区高质量发展评价指标体系的可获性与可操作性，从而保证基于国家级产业园区评价指标体系的评价结果的客观性。另外，对于部分统计未能包括的数据，可以借助大数据技术和调查问卷手段进行获取。

三 国家级园区高质量发展评价指标体系构建

改革开放40多年来，我国国家级开发区在建立与国际接轨的发展模式和经济管理体制、积极利用国际资金技术、加快对外开放等方面发挥了重要的作用。本报告在构建的国家级园区高质量发展评价指标体系坚持创新、协调、绿色、开放、共享新发展理念，科学评估国家级产业园区发展情况，总结国家级产业园区取得的成绩的同时，实事求是地分析国家级产业园区发展中存在的问题，推动其实现高质量发展。

基于本研究构建的产业园区（开发区）高质量发展评价指标体系，推进开展产业园区高质量发展能力和水平的评价，主要包含以下三个方面。

一是产业园区（开发区）高质量评价要能够反映产业园区在特定时间段的发展质量状况，同时也要能通过对特定产业园区的连续时间序列的纵向质量考评，揭示不同时间段的产业园区发展质量总体变化趋势和不同维度指标上的变化情况，从而呈现我国产业园区（开发区）在其不同发展阶段和不同企业、产业生命周期下的规律发展和特征。

二是选取不同地区的产业园区，对其在同一时间截面下的发展质量、竞争力、创新能力和带动能力进行横向水平综合评价分析，对标产业园区高质量发展要求，得出不同园区在高质量发展方面存在的差距和问题，从不同区域的资源、区位与产业基础和市场环境特点出发，针对性地提出产业园区（开发区）在提升发展质量上需要改进的重点领域，提出有针对性的对策措施和改进建议，从而实现在更广的范围推广产业园区高质量发展的成功经验和需要重点避免的发展失误损失，逐渐提升产业园区高质量发展内生能力和产业融合创新平台的载体水平。

三是规范提升产业园区（开发区）发展运行管理水平，长期以来，为了加速当地经济发展和政绩考核，我国产业园区的管理运行招商过于看重短期效益，对园区的发展定位和未来方向，功能完善等方面没有清晰的构想，导致部分园区对招商项目把关不严，甚至出现环境监管方面的欠缺，造成产业园区功能没有形成核心竞争力，园区主导产业没有特色，忽视对战略新兴产业的培育和科技研发创新能力的培育，一旦出现市场变化或是监管收紧，园区产业难以维系生产，园区面临全面崩溃的危险。通过产业园区（开发区）发展质量评价可以及时发现园区在经营管理和创新能力、竞争能力方面存在的短板，及时修正园区未来发展重点和功能升级方向，指导园区科学招商，兼顾眼前和长远利益，避免突发状况造成产业园区（开发区）经济指标和产业项目落地出现大波动，从而实现产业园区的高质量发展。同时还可以探索出适合不同区域产业园区（开发区）在不同阶段背景下的园区运营模式和招商策略，科学提出发展路径和发展建议，从而为推动我国产业园区（开发区）整体高质量发展提供科学的支撑。

国家级产业园区高质量发展评价指标体系需兼顾指标体系的丰富性和数据可得性。国家级产业园区高质量发展评价在国内外均是一个相对较新的研究领域，研究视角、方法和不同的指标体系可直接借鉴的不多。本报告侧重于产业合作高质量发展这一方面，从综合效益、创新、协调、绿色、开放、共享六个维度，结合目前国内通用或已达成共识的指标，构建我国国家级园区高质量发展评价指标体系。同时，在数据的可得性和指标体系的丰富性之间权衡找到最佳的契合点。基于此，本报告构建国家级产业园区高质量发展评价体系如表 2-1 所示。

表 2-1　省级层面国家级园区高质量发展评价指标体系

维度层	指标名称	单位	正指标
综合效益	主营业务利润率	%	正向指标
	资产负债率	%	负向指标
	成本费用利润率	%	正向指标
	总资产贡献率	%	正向指标
创新	高技术企业数	个	正向指标
	高技术产业研发（R&D）投入强度	%	正向指标
	高技术产业从事研究与发展（R&D）人员数	人	正向指标
	高技术产业有 RD 活动企业的个数	个	正向指标
	高技术产业万人发明专利拥有量	件/万人	正向指标
	人均技术合同交易额	元/万人	正向指标
协调	高技术产业产值增速	%	正向指标
	高技术产业产值占工业产值比	%	正向指标
	高新技术企业数量占工业企业比	%	正向指标
	有 RD 活动的企业数占高技术企业数量比重	%	正向指标
	新产品销售收入占主营业务的比重	%	正向指标
	中国五百强企业入驻数量占所在省份企业数比重	%	正向指标
	高技术产业投资占总投资比重	%	正向指标

续表

维度层	指标名称	单位	正指标
绿色	单位工业增加值能耗降速	%	负向指标
	单位工业增加值用电量降速	%	负向指标
	单位增加值用水量降速	%	负向指标
	单位增加值用地降速	%	负向指标
	单位工业增加值化学需氧量排放量降速	%	负向指标
	单位工业增加值氨氮排放量降速	%	负向指标
	单位工业增加值SO_2排放量降速	%	负向指标
	单位工业增加值工业固体废弃物排放量降速	%	负向指标
	单位工业增加值废水排放量降速	%	负向指标
开放	园区内高技术产品出口贡献率	%	正向指标
	高新技术产品出口额占货物出口总额比重	%	正向指标
	高技术产业进口贸易额占总贸易额的比重	%	正向指标
	贸易竞争力指数	—	正向指标
	市场占有率	%	正向指标
	外商直接投资/高技术产值	%	正向指标
共享	高技术产业研发就业人数贡献	%	正向指标
	生产性服务业就业比重	%	正向指标
	人均长途自动交换机容量	路端/万人	正向指标
	税收贡献	%	正向指标
	市场化指数	—	正向指标
	要素市场发育指数	—	正向指标
	重点行业骨干企业"双创"平台普及率	%	正向指标
	实现网络化协同的企业比例	%	正向指标
	开展服务型制造的企业比例	%	正向指标

注：正向指标与逆向指标在评价中将进行数据表转化处理，从而减少评价误差。

根据目前统计部门针对园区层面的统计指标设定，对省级层面国家级园区高质量发展评价指标体系进行精简，得到园区层面高质量发展评价指标体系。

表 2-2　　　　　　　园区层面高质量发展评价指标体系

一级指标	二级指标	单位	指标类型
创新能力	R&D 人员占从业人员比重	%	正向指标
	R&D 经费支出占营业收入的比重	%	正向指标
	技术收入占营业收入的比重	%	正向指标
	高技术企业占注册企业数的比重	%	正向指标
竞争能力	人均工业产值	千元/人	正向指标
	大专以上人员占比	%	正向指标
	出口总额占工业总产值的比重	%	正向指标
	利润占营业收入的比重	%	正向指标
	资产负债率	%	逆向指标
共享能力	产品贡献	%	正向指标
	税收贡献（税收/营业收入）	%	正向指标
	市场化指数	—	正向指标
	要素市场发育程度	—	正向指标
	中介组织发育和法律	—	正向指标

本报告主要采用层次分析法。在完成指标体系的构建后，对各项指标进行指数化处理，并依据其自身性质，分为正向指标、中间适度指标和逆向指标。在层次分析法的基础上进行赋权，主要采用熵值法确定各指标的权重。在层次分析法的基础上，本专题研究方法又略有不同，对指标修正与赋权进行了适当改进，突出重点指标的表征性。

国务院近期对产业园区高质量发展提出了具体要求，发布了《关于促进国家高新技术产业开发区高质量发展的若干意见》，意见发布后，我国需要加紧研究制定高质量发展评价指标体系，但是面临较大困难。实践层面，由于我国区域发展不平衡，东中西部发展差缩小较慢，同时伴随东北地区发展放缓，我国南北发展也逐渐出现不平衡态势，经济重心与产业项目进一步向东南沿海转移和集聚，适用于全国的产业园区（开发区）

高质量发展评价指标体系制定难度较大。在理论层面，目前研究对高质量发展内涵外延等涉及园区发展质量评价的理论基础尚未完善建立，在产业园区（开发区）高质量发展评价指标的选取上存在一定的争议，所以一定程度上制约了产业园区（开发区）高质量发展评价指标体系的构建。产业园区的高质量发展是实现经济高质量发展的关键和重要抓手，尽快建立能够切实反映我国产业园区（开发区）的发展质量评价体系，是我国产业园区发展质量提升亟待解决的问题，是当前和今后一个时期推动、指导我国产业园区高质量发展的重要手段。

未来一段时间，我国国家级产业园区与开发区将迎来高质量发展的新阶段，借力"新基建"投资，将助推产业园区的数字化、智能化、智慧化转型升级。产业政策制定方面也将围绕创新驱动、区域协调、对外开放、绿色生态及营商环境提升等方面进一步优化提升，着力构建产业园区发展的健康、智能生态，使它们成为未来我国高端、高新产业发展的有机载体和平台。

四　模型计算方法

科学合理地确定各评价指标的权重值对整个评价的客观性有非常重要的意义。指标权重的准确性决定了评价结果的准确性。现有的权重赋值方法主要分为两种：主观赋值法和客观分析法。主观赋值法包括层次分析法、德尔菲法、专家打分法、二项系数法、环比评分法、最小平方法等；客观分析法包括熵权法（也称为熵值法）、主成分分析法、因子分析法、变异系数法、纵横向拉开档次法、离差及均方差法、多目标规划法等。本报告采用传统的熵值法来确定指标权重，以客观反映数据变动的主要特征，熵值法是根据各项指标观测值所提供的信息量的大小来确定指标权重，其给出的指标权重值具有较高的可信度;同时运用改进的 TOPSIS 法作为评价模型。该方法既保留了 TOPSIS 法的优点,又客观地得到了指标权重。熵值法确定权重值的具体步骤如下。

(1)假设研究对象有 n 个参评单元,m 个评价指标,X_{ij} 表示第 i 个待评价单元的第 j 个评价指标的数值,原始矩阵可表示为:

$$A = \{X_{ij}\} = \begin{pmatrix} x_{11} & \cdots & x_{1n} \\ \vdots & \ddots & \vdots \\ x_{m1} & \cdots & x_{mn} \end{pmatrix}$$

(2)标准化。由于不同指标的量级不同,直接进行计算会造成较大的误差。因此,在进行评价前需对各指标进行无量纲化处理。设 $\max_j$ 和 $\min_j$ 分别表示第 j 个指标的最大值和最小值,利用极差法对正向指标和逆向指标分别进行如下标准化处理:

$$X'_{ij} = \begin{cases} (X_{ij} - \min_j)/(\max_j - \min_j), & X_{ij} \text{ 为正向指标} \\ (\max_j - \min_j)/(\max_j - X_{ij}), & X_{ij} \text{ 为逆向指标} \end{cases}$$

(3)计算第 j 个指标下第 i 个样本占该指标的比重:

$$Y_{ij} = \frac{X'_{ij}}{\sum_{i=1}^{m} X'_{ij}}$$

其中,Y_{ij} 表示第 j 项指标下第 i 个样本对象占该指标的比重。

(4)计算第 j 项指标的熵值:

$$e_j = -k \times \sum_{j=1}^{m} Y_{ij} \ln Y_{ij}$$

其中,$k > 0$,ln 为自然对数,$e_j > 0$。式中,常数 k 和样本数 m 有关,一般令 $k = 1/\ln(m)$,则 $0 \leqslant e \leqslant 1$。

(5)计算第 j 项的差异系数:

$$g_j = 1 - e_j$$

对于第 j 项指标,指标值 X_{ij} 的差异越大,对样本评价的作用越大,熵值就越小。

（6）评价指标权重：

$$w_i = \frac{g_j}{m - E_e}, E_e = \sum_{i=1}^{n} e_j$$

其中，$0 \leqslant w_i \leqslant 1$，$\sum w_j = 1$。

（7）计算综合评价得分（加权规范矩阵）$S = (s_{ij})_{n \times m}$：

$$S_i = \sum_{j=1}^{n} w_j \times Y_{ij}(i = 1, \ldots, m)$$

（8）确定评价指标的正理想解 S^+ 和负理想解 S^-。传统的 TOPSIS 法通常将正理想解的元素作为最优值，而将负理想解的元素作为指标的最劣值，但这会造成各评价单元到正负理想解的欧氏距离复杂化，不便于求解。因此，对传统的 TOPSIS 进行了改进，将 S 中 s_{ij} 的取值范围设为 $[0, 1]$。对正理想解的属性值有 $s_j^+ = w_j$，而对于负理想解的属性值有 $s_j^- = 0$，使得求解过程大大简化。特别地，对于最高的目标属性值有 $s_{ij} = 1$。

（9）计算各评价对象与正负理想解的欧氏距离：

$$d_j^* = \left[\sum_{i=1}^{m} w_j^2 (s_{ij} - 1)^2 \right]^{1/2}$$

$$d_j^- = \left[\sum_{i=1}^{m} w_i^2 (s_{ij} - 0)^2 \right]^{1/2}$$

（10）计算各评价队形指标值与理想解之间的相对接近度：

$$l_i = \begin{cases} \dfrac{d_i^-}{d_i^+}, & d_i^+ \neq 0 \\ +\infty, & d_i^+ = 0 \end{cases}$$

（11）按相对接近度 l_i 的大小进行排序，l_i 越大表明评价对象越优；反之，l_i 越小，则表明评价对象越差。

参考文献

［1］张德元：《加快建立产业园区高质量发展评价体系研究》，《中国经贸导刊》（中）2020 年第 2 期。

［2］金碚：《关于"高质量发展"的经济学研究》，《中国工业经济》2018年第4期。

［3］高培勇、杜创、刘霞辉、袁富华、汤铎铎：《高质量发展背景下的现代化经济体系建设：一个逻辑框架》，《经济研究》2019年第54（04）期。

［4］刘志彪：《理解高质量发展：基本特征、支撑要素与当前重点问题》，《学术月刊》2018年第50（07）期。

［5］史丹、赵剑波、邓洲：《推动高质量发展的变革机制与政策措施》，《财经问题研究》2018年第9期。

［6］史丹：《中国工业70年发展与战略演进》，《经济日报》2019年10月9日。

［7］史丹：《从三个层面理解高质量发展的内涵》，《经济日报》2019年9月9日。

［8］史丹、李鹏：《我国经济高质量发展测度与国际比较》，《东南学术》2019年第5期。

［9］史丹、李晓华、李鹏飞、邓洲：《聚力打造我国制造业竞争新优势》，《智慧中国》2019年第8期。

［10］史丹、李鹏：《中国工业70年发展质量演进及其现状评价》，《中国工业经济》2019年第9期。

［11］陈昌兵：《新时代我国经济高质量发展动力转换研究》，《上海经济研究》2018年第5期。

［12］师博、张冰瑶：《新时代、新动能、新经济——当前中国经济高质量发展解析》，《上海经济研究》2018年第5期。

［13］蒲晓晔、Jarko Fidrmuc：《中国经济高质量发展的动力结构优化机理研究》，《西北大学学报》（哲学社会科学版）2018年第48（01）期。

［14］张军扩、侯永志、刘培林、何建武、卓贤：《高质量发展的目标要求和战略路径》，《管理世界》2019年第35（07）期。

［15］任保平、文丰安:《新时代中国高质量发展的判断标准、决定因素与实现途径》,《改革》2018年第4期。

［16］任保平、李禹墨:《新时代我国高质量发展评判体系的构建及其转型路径》,《陕西师范大学学报》(哲学社会科学版)2018年第47(03)期。

［17］刘思明、张世瑾、朱惠东:《国家创新驱动力测度及其经济高质量发展效应研究》,《数量经济技术经济研究》2019年第36(04)期。

［18］徐现祥、李书娟、王贤彬、毕青苗:《中国经济增长目标的选择:以高质量发展终结"崩溃论"》,《世界经济》2018年第41(10)期。

［19］李金昌、史龙梅、徐蔼婷:《高质量发展评价指标体系探讨》,《统计研究》2019年第36(01)期。

［20］徐瑞慧:《高质量发展指标及其影响因素》,《金融发展研究》2018年第10期。

［21］魏敏、李书昊:《新时代中国经济高质量发展水平的测度研究》,《数量经济技术经济研究》2018年第35(11)期。

［22］黄速建、肖红军、工欣:《论国有企业高质量发展》,《中国工业经济》2018年第10期。

［23］刘现伟、文丰安:《新时代民营经济高质量发展的难点与策略》,《改革》2018年第9期。

［24］仕平、刘经纬:《高质量绿色发展的理论内涵、评价标准与实现路径》,《内蒙古社会科学》(汉文版)2019年第6期。

［25］胡先杰、姜琴等:《高新区高质量发展评价机制构建初探——以南京高新区为例》,《特区经济》2019年第7期。

［26］杨枝煌、陈尧:《论经济园区的高质量发展》,《开放导报》2019年第10期。

［27］何六生:《以新发展理念引领产业园区高质量发展》,

《经济日报》2020年2月18日。

［28］尚进：《以未来产业助推园区高质量发展》，《中国信息界》2019年第1期。

［29］侯彦全：《以转型升级推动产业园区高质量发展》，《中国经济时报》2018年8有6日。

［30］许恬：《促进国家高新区高质量发展 发挥好示范引领和辐射带动作用 国务院印发〈关于促进国家高新技术产业开发区高质量发展的若干意见〉》，《中国科技产业》2020年第7期。

［31］祝尔娟、何皛彦：《京津冀协同发展指数研究》，《河北大学学报》（哲学社会科学版）2016年第41（03）期。

第三章 产业园区高质量发展评价结果分析

刘佳骏　李　鹏

基于产业园区经济高质量发展评价指标体系，对我国30个省市区的国家级产业园区进行总体评价，从创新、开放、协调、绿色、共享五个维度的评价得分情况进行分析；同时选取全国105个典型产业园区，利用园区层面高质量发展评价指标体系，测算其高质量发展综合得分和创新能力、竞争能力、共享能力得分情况进行深入分析。总体来说得出了以下结论：一是我国产业园区的发展是地区经济发展的重要动力引擎；二是产业园区是推动经济增长方式转变，实现高质量发展的重要推进器；三是产业园区是我国区域创新能力转化为生产力的重要催化剂与平台；四是产业园区建设将是实现我国国土空间开发突破"胡焕庸线"的重要措施。

一　产业园区高质量发展总体评价分析

本报告选取2012—2018年中国各省国家级产业园区统计数据进行评价，数据来源于中国科技年鉴、中国统计年鉴、各省统计年鉴。所有数据均来自公开统计资料。

(一) 30个省级行政单元产业园区发展质量总体评价

从30个省级行政单元产业园区发展质量总体评价指数上可以看出，国家级产业园区发展质量水平趋于稳定，并有逐步提升的态势。从2012—2018年分省市区评价综合指数值均值来看（见表3-1），广东国家级产业园区的得分达到0.7132，之后是上海、江苏、北京2012—2018年均值得分达到0.5000以上，这四个省市区也是我国东部沿海重点城市群，京津冀、长三角、珠三角所在区域，2012年以来东部沿海地区三大城市群所在区域的国家级产业园区发展得分一直处于全国领先。而中西部园区发展质量也在不断提升，结合2013—2018年分省市区评价指数空间分布情况来看（见图3-2），六年来，山东、浙江、湖南、湖北、河南、重庆、四川各省市区国家级产业园区发展质量提升速度较快。总体来看，东部沿海地区和重点城市群一直是我国产业园区和开发区发展状况最好的区域，从另一角度讲，产业园区和开发区的发展在东部沿海和城市群发展过程中起到了重要的带动作用。

表3-1　　　　　　2012—2018年分省市区评价综合指数值

省市区	2012年	2013年	2014年	2015年	2016年	2017年	2018年	均值
安徽	0.3329	0.3572	0.3649	0.3611	0.3664	0.3741	0.3832	0.3628
北京	0.5543	0.5349	0.5579	0.6007	0.6402	0.6534	0.6068	0.5926
重庆	0.3486	0.3783	0.3818	0.3909	0.4056	0.4116	0.4183	0.3907
福建	0.3675	0.3680	0.3743	0.3961	0.3896	0.4060	0.4244	0.3894
甘肃	0.1463	0.1491	0.1513	0.1663	0.1992	0.1815	0.1997	0.1705
广东	0.6494	0.6739	0.6917	0.7357	0.7439	0.7509	0.7470	0.7132

续表

省市区	2012年	2013年	2014年	2015年	2016年	2017年	2018年	均值
广西	0.2939	0.2711	0.2686	0.2335	0.2450	0.2812	0.2871	0.2686
贵州	0.2238	0.2356	0.2480	0.2610	0.2748	0.2892	0.3083	0.2630
海南	0.2580	0.2585	0.2765	0.2896	0.3011	0.3271	0.3478	0.2941
河北	0.3188	0.3041	0.3136	0.3030	0.3797	0.3689	0.3772	0.3379
黑龙江	0.3080	0.3294	0.3358	0.3399	0.3787	0.3344	0.3346	0.3373
河南	0.3508	0.3674	0.3706	0.3843	0.4169	0.3915	0.4079	0.3842
湖北	0.3251	0.3409	0.3433	0.3543	0.3626	0.3863	0.3934	0.3580
湖南	0.4012	0.4121	0.4226	0.4059	0.4100	0.4227	0.4367	0.4159
江苏	0.4734	0.5436	0.5364	0.5322	0.5387	0.5682	0.5791	0.5388
江西	0.3172	0.3345	0.3556	0.3544	0.3488	0.3563	0.3672	0.3477
吉林	0.3026	0.2991	0.3584	0.3307	0.2957	0.2692	0.3312	0.3124
辽宁	0.3217	0.3296	0.3336	0.3460	0.3579	0.3710	0.3623	0.3460
内蒙古	0.2078	0.2285	0.2431	0.2882	0.2556	0.2897	0.2632	0.2537
宁夏	0.2217	0.2380	0.2575	0.2683	0.2351	0.2225	0.2593	0.2432
青海	0.1252	0.1383	0.1380	0.1562	0.1650	0.1749	0.1869	0.1549
陕西	0.3439	0.3411	0.3575	0.3514	0.3557	0.3676	0.3640	0.3545
山东	0.4211	0.4146	0.4226	0.4413	0.4401	0.4463	0.4538	0.4343
上海	0.6006	0.6695	0.6855	0.7276	0.7047	0.7399	0.6964	0.6892

续表

省市区	2012年	2013年	2014年	2015年	2016年	2017年	2018年	均值
山西	0.2311	0.2405	0.2483	0.2650	0.2685	0.2809	0.2729	0.2582
四川	0.3346	0.3365	0.3517	0.3577	0.3784	0.3957	0.4113	0.3665
天津	0.4215	0.4269	0.4192	0.4218	0.4433	0.4612	0.4866	0.4401
新疆	0.2062	0.2331	0.2260	0.2194	0.2622	0.2333	0.2301	0.2300
云南	0.2086	0.2049	0.2037	0.2194	0.2274	0.2418	0.2675	0.2247
浙江	0.4105	0.4071	0.4114	0.4293	0.4255	0.4201	0.4562	0.4229

从2012—2018年评价指数均值空间分布来看，东部沿海地区的国家级产业园区发展质量整体水平较高，整体上已经形成"东部沿海集聚、中部沿江联动、西部特色发展"的产业园区区域分布格局，广东、江苏、北京、上海的园区发展质量水平一直处于全国领先水平；中部和东北地区的产业园区发展质量水平趋于稳定，2012—2018年评价指数均值处于0.3001—0.5000之间；西部地区除陕西、四川、重庆外，其他部分地区产业园区发展质量水平偏低，2012—2018年评价指数均值低于0.3000，其中甘肃、青海、宁夏三省区的国家级产业园区2012—2018年评价指数均值低于0.2000，并且这些西部地区在研究时间段内没有较大改变，发展质量在全国范围内处于较低水平。从产业园区发展质量我们也可以看出我国区域发展的东、中、西部发展梯度差距。

表3-2　　　　2012—2018年分省市区评价综合指数值排名

省市区	2012年	2013年	2014年	2015年	2016年	2017年	2018年	均值
安徽	14	12	12	12	15	14	14	13
北京	3	4	3	3	3	3	3	3

续表

省市区	2012年	2013年	2014年	2015年	2016年	2017年	2018年	均值
重庆	11	9	9	10	10	9	10	9
福建	9	10	10	9	11	10	9	10
甘肃	29	29	29	29	29	29	29	29
广东	1	1	1	1	1	1	1	1
广西	21	21	22	26	26	23	23	22
贵州	24	25	25	25	22	22	22	23
海南	22	22	21	21	20	20	19	21
河北	17	19	20	20	12	16	15	18
黑龙江	19	18	18	18	13	19	20	19
河南	10	11	11	11	8	12	12	11
湖北	15	14	17	15	16	13	13	14
湖南	8	7	5	8	9	7	8	8
江苏	4	3	4	4	4	4	4	4
江西	18	16	15	14	19	18	16	16
吉林	20	20	13	19	21	25	21	20
辽宁	16	17	19	17	17	15	18	17
内蒙古	27	27	26	22	25	21	26	25
宁夏	25	24	23	23	27	28	27	26
青海	30	30	30	30	30	30	30	30
陕西	12	13	14	16	18	17	17	15
山东	6	6	5	5	6	6	7	6
上海	2	2	2	2	2	2	2	2
山西	23	23	24	24	23	24	24	24
四川	13	15	16	13	14	11	11	12
天津	5	5	7	7	5	5	5	5
新疆	28	26	27	27	24	27	28	27
云南	26	28	28	27	28	26	25	28
浙江	7	8	8	6	7	8	6	7

（二）维度指标层面分析

本部分对各省市区国家级产业园区创新、协调、开放、绿色、共享五个维度的评价得分情况进行分析。

1. 创新维度

从2012—2018年国家级园区分省评价创新维度指数值情况

来看,广东、北京、上海、江苏四省市的国家级产业园区得分处于全国领先水平,其中广东省七年间的得分均值达到 0.2700,是得分最低云南省 0.0100 的近 26 倍。整体上各省国家级产业园区创新维度指数值得分均呈现上升趋势,但中西部地区国家级产业园区的指数上升速度慢于东部省区园区。

中部地区湖南、湖北两省国家级园区创新维度指数表现突出,武汉东湖高新技术开发区与长株潭自主创新示范区探索"创新驱动、绿色发展、内生增长"的发展模式,积极推进体制创新,加快推进政府职能转变,营造有利于自主创新的开放、活跃、高效的发展环境,为园区注入了持续不断的发展动力。

表 3-3 2012—2018 年国家级产业园区分省市区评价创新维度指数值

省市区	2012 年	2013 年	2014 年	2015 年	2016 年	2017 年	2018 年	均值
安徽	0.0173	0.0226	0.0257	0.0297	0.0365	0.0447	0.0531	0.0328
北京	0.1428	0.1585	0.1682	0.1781	0.2024	0.2095	0.2207	0.1829
重庆	0.0399	0.0430	0.0486	0.0488	0.0563	0.0642	0.0734	0.0535
福建	0.0357	0.0450	0.0537	0.0632	0.0693	0.0745	0.0819	0.0605
甘肃	0.0072	0.0059	0.0053	0.0066	0.0071	0.0087	0.0076	0.0069
广东	0.1818	0.2001	0.2131	0.2504	0.3010	0.3497	0.3943	0.2700
广西	0.0086	0.0094	0.0110	0.0119	0.0133	0.0136	0.0143	0.0117
贵州	0.0083	0.0084	0.0087	0.0108	0.0118	0.0135	0.0147	0.0109
海南	0.0107	0.0127	0.0138	0.0139	0.0162	0.0208	0.0255	0.0162
河北	0.0175	0.0211	0.0255	0.0291	0.0360	0.0384	0.0494	0.0310
黑龙江	0.0154	0.0153	0.0158	0.0155	0.0191	0.0206	0.0231	0.0178
河南	0.0349	0.0422	0.0469	0.0480	0.0553	0.0574	0.0624	0.0496
湖北	0.0244	0.0274	0.0322	0.0379	0.0415	0.0492	0.0593	0.0388
湖南	0.0258	0.0305	0.0365	0.0411	0.0485	0.0574	0.0723	0.0446

续表

省市区	创新维度指数值							
	2012年	2013年	2014年	2015年	2016年	2017年	2018年	均值
江苏	0.0848	0.0943	0.1014	0.1131	0.1200	0.1310	0.1469	0.1131
江西	0.0213	0.0245	0.0284	0.0318	0.0349	0.0360	0.0395	0.0309
吉林	0.0096	0.0113	0.0110	0.0103	0.0118	0.0141	0.0170	0.0122
辽宁	0.0142	0.0162	0.0190	0.0224	0.0245	0.0255	0.0304	0.0218
内蒙古	0.0096	0.0098	0.0098	0.0096	0.0112	0.0117	0.0120	0.0105
宁夏	0.0077	0.0107	0.0122	0.0129	0.0130	0.0128	0.0118	0.0116
青海	0.0025	0.0028	0.0030	0.0040	0.0042	0.0045	0.0047	0.0037
陕西	0.0301	0.0300	0.0319	0.0321	0.0331	0.0381	0.0420	0.0339
山东	0.0576	0.0643	0.0715	0.0929	0.0909	0.0869	0.0889	0.0790
上海	0.1495	0.1650	0.1780	0.1906	0.2120	0.2347	0.2645	0.1992
山西	0.0146	0.0166	0.0167	0.0172	0.0167	0.0158	0.0139	0.0159
四川	0.0278	0.0332	0.0405	0.0467	0.0560	0.0615	0.0651	0.0473
天津	0.0791	0.0847	0.0944	0.1069	0.1164	0.1223	0.1349	0.1055
新疆	0.0037	0.0043	0.0040	0.0042	0.0064	0.0070	0.0084	0.0054
云南	0.0060	0.0074	0.0087	0.0104	0.0117	0.0127	0.0132	0.0100
浙江	0.0528	0.0588	0.0665	0.0750	0.0824	0.0877	0.0949	0.0740

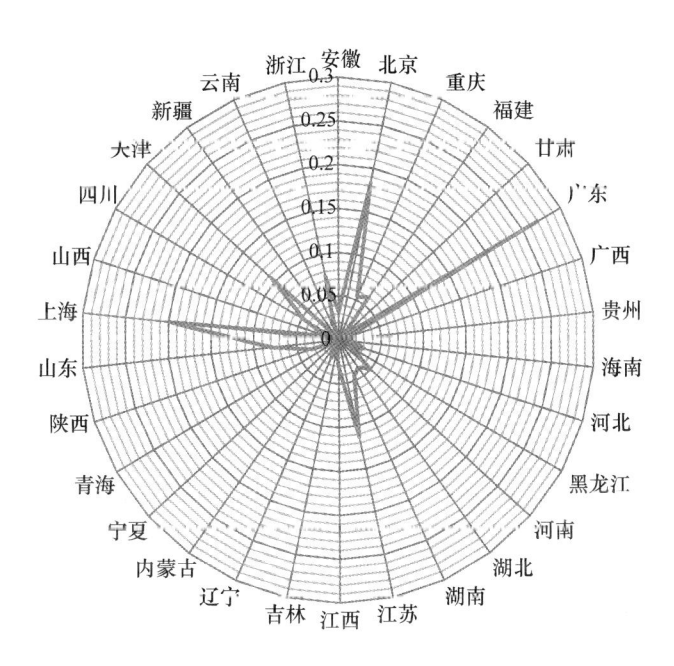

图 3-1 2012—2018 年国家级产业园区分省市区创新维度指标均值情况

表 3-4 2012—2018 年国家级产业园区分省市区评价创新维度指数值排名

省市区	创新维度指数值排名							
	2012 年	2013 年	2014 年	2015 年	2016 年	2017 年	2018 年	均值
安徽	17	16	16	16	14	14	14	15
北京	3	3	3	3	3	3	3	3
重庆	8	9	9	9	9	9	9	9
福建	9	8	8	8	8	8	8	8
甘肃	27	28	28	28	28	28	29	28
广东	1	1	1	1	1	1	1	1
广西	24	25	23	23	22	23	23	23
贵州	25	26	26	24	24	24	22	25
海南	21	21	21	21	21	19	19	20
河北	16	17	17	17	15	15	15	16
黑龙江	18	20	20	20	19	20	20	19
河南	10	10	10	10	11	11	12	10
湖北	14	14	13	13	13	13	13	13
湖南	13	12	12	12	12	11	10	12
江苏	4	4	4	4	4	4	4	4
江西	15	15	15	15	16	17	17	17
吉林	22	22	23	26	24	22	21	22
辽宁	20	19	18	18	18	18	18	18
内蒙古	22	24	25	27	27	27	26	26
宁夏	26	23	22	22	23	25	27	24
青海	30	30	30	30	30	30	30	30
陕西	11	13	14	14	17	16	16	14
山东	6	6	6	6	6	7	7	6
上海	2	2	2	2	2	2	2	2
山西	19	18	19	19	20	21	24	21
四川	12	11	11	11	10	10	11	11
天津	5	5	5	5	5	5	5	5
新疆	29	29	29	29	29	29	28	29
云南	28	27	26	25	26	26	25	27
浙江	7	7	7	7	7	6	6	7

2. 协调维度

从 2012—2018 年国家级园区分省市区评价协调维度指数值情况来看，各省市区国家级园区的协调发展指数在逐步提升，上海、广东、北京、江苏、浙江五省市国家级园区协调维度指数值的均值得分位列前五。东部沿海地区已形成了沈阳—大连、京津冀、济南—青岛为核心城市的环渤海经济区、南京—上海—杭州为核心城市的长三角经济区、广州—珠海—深圳—东莞为核心城市的粤港澳大湾区（珠三角经济区）区域内国家级产业园区成为带动周边区域发展的重要经济增长极，分布在这些重点经济区内的国家级产业园区十分重视企业之间的产业联系和创新互动，结合自身发展能力，选择适合自身发展的产业，针对特定门类的产业发展和市场需求，逐步形成功能完善、发展方向明确、主导产业突出、周边依托产业链的配套布局各类型园区。这些都显示出依托产业链的形成和完善园区功能的省级，东部地区逐渐实现产业园区集聚发展的同时，能够有效地带动周边区域产业协同和区域协调发展。

同时，东部沿海地区国家级园区与大型企业协作水平较高且更有成效，逐步建立起自主创新能力强、资源配置能力强、风险管控能力强、人才队伍能力强"四强"与经营业绩优、公司治理优、布局结构优、企业形象优"四优"的发展形象，成为我国产业对外开放的重要窗口和不同领域发展质量升级的重要示范。近年来，中西部地区国家级园区发展日趋注重协调维度指标的提升，地方政府不仅在获得资金、技术、人才、项目、市场等方面支持园区发展，而且支持形成规模效应和产业集群，提升品牌形象，扩大国内外市场的影响力，高起点实现跨越式发展。

表 3-5 2012—2018 年国家级产业园区分省市区评价协调维度指数值

省市区	协调维度指数值							
	2012 年	2013 年	2014 年	2015 年	2016 年	2017 年	2018 年	均值
安徽	0.0224	0.0308	0.0344	0.0364	0.0329	0.0375	0.0429	0.0339
北京	0.0737	0.0683	0.0695	0.0747	0.0836	0.0927	0.0926	0.0793
重庆	0.0337	0.0326	0.0328	0.0399	0.0460	0.0517	0.0531	0.0414
福建	0.0409	0.0462	0.0551	0.0578	0.0605	0.0560	0.0538	0.0529
甘肃	0.0106	0.0108	0.0112	0.0132	0.0145	0.0151	0.0154	0.0130
广东	0.0787	0.0770	0.0791	0.0804	0.0794	0.0833	0.0871	0.0807
广西	0.0196	0.0203	0.0213	0.0313	0.0268	0.0242	0.0209	0.0235
贵州	0.0207	0.0216	0.0217	0.0222	0.0239	0.0237	0.0223	0.0223
海南	0.0118	0.0160	0.0183	0.0196	0.0214	0.0248	0.0253	0.0196
河北	0.0258	0.0271	0.0304	0.0380	0.0395	0.0465	0.0428	0.0357
黑龙江	0.0129	0.0133	0.0159	0.0174	0.0212	0.0208	0.0250	0.0181
河南	0.0267	0.0287	0.0378	0.0597	0.0651	0.0445	0.0453	0.0439
湖北	0.0257	0.0221	0.0312	0.0321	0.0343	0.0411	0.0450	0.0331
湖南	0.0233	0.0243	0.0300	0.0352	0.0351	0.0457	0.0499	0.0348
江苏	0.0618	0.0623	0.0639	0.0713	0.0715	0.0731	0.0771	0.0687
江西	0.0221	0.0213	0.0310	0.0252	0.0268	0.0320	0.0295	0.0269
吉林	0.0121	0.0131	0.0153	0.0165	0.0183	0.0212	0.0224	0.0170
辽宁	0.0382	0.0323	0.0335	0.0345	0.0399	0.0396	0.0412	0.0370
内蒙古	0.0109	0.0098	0.0129	0.0134	0.0164	0.0175	0.0177	0.0141
宁夏	0.0108	0.0115	0.0128	0.0144	0.0151	0.0157	0.0161	0.0138
青海	0.0060	0.0093	0.0101	0.0103	0.0114	0.0124	0.0144	0.0105
陕西	0.0269	0.0290	0.0330	0.0360	0.0381	0.0409	0.0436	0.0353
山东	0.0381	0.0387	0.0363	0.0431	0.0428	0.0612	0.0561	0.0452
上海	0.1150	0.1102	0.1125	0.1183	0.1209	0.1149	0.1149	0.1152
山西	0.0158	0.0155	0.0168	0.0176	0.0195	0.0179	0.0191	0.0174
四川	0.0223	0.0319	0.0361	0.0411	0.0436	0.0481	0.0460	0.0384
天津	0.0502	0.0501	0.0537	0.0586	0.0629	0.0721	0.0749	0.0604
新疆	0.0107	0.0124	0.0135	0.0137	0.0159	0.0164	0.0167	0.0142
云南	0.0125	0.0142	0.0148	0.0162	0.0162	0.0176	0.0183	0.0157
浙江	0.0719	0.0701	0.0658	0.0685	0.0688	0.0641	0.0667	0.0680

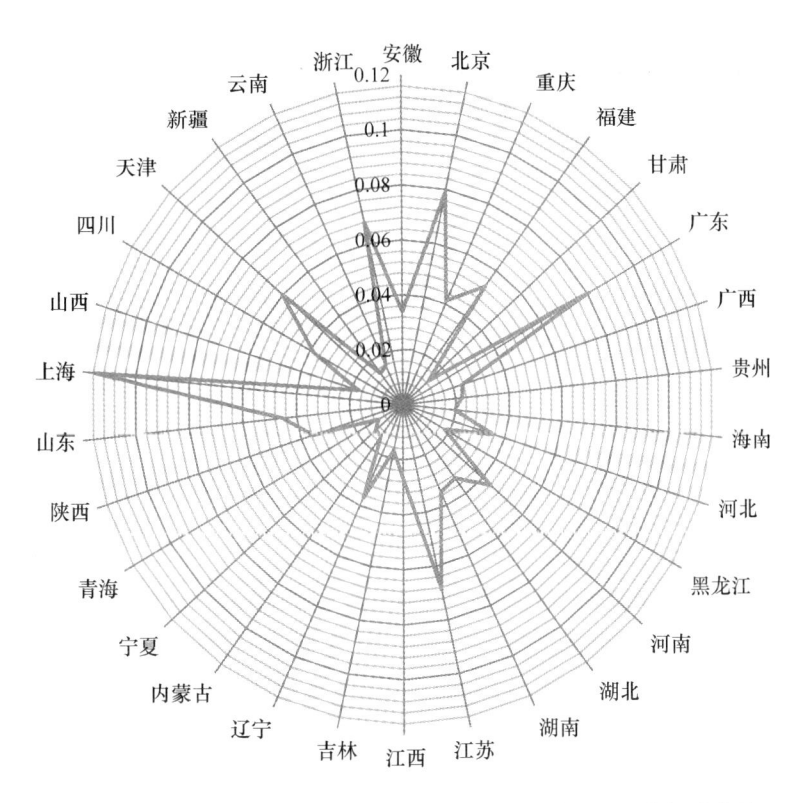

图 3-2 2012—2018 年国家级产业园区分省市区协调维度指标均值情况

表 3-6 2012—2018 年国家级产业园区分省市区评价协调维度指数值排名

省市区	协调维度指数值排名							
	2012 年	2013 年	2014 年	2015 年	2016 年	2017 年	2018 年	均值
安徽	16	12	11	13	17	17	15	16
北京	3	4	3	3	2	2	2	3
重庆	10	9	14	11	9	9	9	10
福建	7	7	6	8	8	8	8	7
甘肃	29	28	29	29	29	29	29	29
广东	2	2	2	2	3	3	3	2
广西	20	20	20	18	18	20	23	19
贵州	19	18	19	20	20	21	22	20
海南	25	21	21	21	21	19	19	21

续表

省市区	协调维度指数值排名							
	2012年	2013年	2014年	2015年	2016年	2017年	2018年	均值
河北	13	15	17	12	13	11	16	13
黑龙江	22	24	23	23	22	23	20	22
河南	12	14	8	6	6	13	12	9
湖北	14	17	15	17	16	14	13	17
湖南	15	16	18	15	15	12	10	15
江苏	5	5	5	4	4	4	4	4
江西	18	19	16	19	18	18	18	18
吉林	24	25	24	24	24	22	21	24
辽宁	8	10	12	16	12	16	17	12
内蒙古	26	29	27	28	25	26	26	27
宁夏	27	27	28	26	28	28	28	28
青海	30	30	30	30	30	30	30	30
陕西	11	13	13	14	14	15	14	14
山东	9	8	9	9	11	7	7	8
上海	1	1	1	1	1	1	1	1
山西	21	22	22	22	23	24	24	23
四川	17	11	10	10	10	10	11	11
天津	6	6	7	7	7	5	5	6
新疆	28	26	26	27	27	27	27	26
云南	23	23	25	25	26	25	25	25
浙江	4	3	4	5	5	6	6	5

3. 开放维度

从 2012—2018 年国家级产业园区分省市区评价开放维度指数值来看，指标得分东部与中西部地区分化明显（见图 3-3），东部沿海地区园区对外贸易与协作力度大、内容广、层次高，而广大中西部地区则相对滞后。东西部园区之间的产业分工合作体系尚未完全形成，沿海地区园区产业尚难以向中西部地区延伸，导致园区之间的产业与项目转移乏力，对发挥园区比较优势、开展产业合作产生不利的影响。

随着经济全球化和区域经济一体化的深入推进，园区协作也在更宽领域、更高层次上实现转型与飞跃，日益呈现一些新的趋势与特点：跨区域协作如火如荼，国际协作快速发展；各种生产要素资源不断优化组合，产业对接成为园区协作的重要内容；从对口帮扶向统筹发展转变，从经济交流向各个领域对接转变；从松散的协调机制向紧密的发展机制转变，以实现在更高层次上的资源整合、优势互补，提高园区经济整体实力和竞争水平。

表3-7 2012—2018年国家级产业园区分省市区评价开放维度指数值

省市区	开放维度指数值							
	2012年	2013年	2014年	2015年	2016年	2017年	2018年	均值
安徽	0.0325	0.0358	0.0394	0.0414	0.0395	0.0488	0.0542	0.0325
北京	0.0933	0.1123	0.1302	0.1399	0.1669	0.2297	0.2767	0.0933
重庆	0.0442	0.0504	0.0510	0.0483	0.0533	0.0675	0.0761	0.0442
福建	0.0346	0.0401	0.0465	0.0509	0.0525	0.0647	0.0763	0.0346
甘肃	0.0214	0.0220	0.0228	0.0212	0.0190	0.0196	0.0171	0.0214
广东	0.0765	0.0822	0.0905	0.0958	0.0996	0.1191	0.1269	0.0765
广西	0.0261	0.0249	0.0254	0.0234	0.0192	0.0206	0.0295	0.0261
贵州	0.0213	0.0226	0.0201	0.0231	0.0254	0.0293	0.0320	0.0213
海南	0.0341	0.0382	0.0420	0.0415	0.0379	0.0358	0.0394	0.0341
河北	0.0333	0.0380	0.0427	0.0426	0.0414	0.0455	0.0479	0.0333
黑龙江	0.0265	0.0276	0.0307	0.0321	0.0355	0.0426	0.0372	0.0265
河南	0.0380	0.0417	0.0487	0.0515	0.0500	0.0688	0.0664	0.0380
湖北	0.0335	0.0385	0.0422	0.0430	0.0471	0.0577	0.0623	0.0335
湖南	0.0453	0.0488	0.0526	0.0539	0.0543	0.0768	0.0845	0.0453
江苏	0.0760	0.0821	0.0933	0.0933	0.0973	0.1153	0.1235	0.0760
江西	0.0432	0.0469	0.0483	0.0468	0.0401	0.0462	0.0489	0.0432
吉林	0.0260	0.0286	0.0286	0.0248	0.0266	0.0343	0.0354	0.0260
辽宁	0.0328	0.0359	0.0390	0.0412	0.0386	0.0409	0.0447	0.0328

续表

省市区	\多层次{开放维度指数值}							
	2012年	2013年	2014年	2015年	2016年	2017年	2018年	均值
内蒙古	0.0164	0.0194	0.0221	0.0221	0.0227	0.0240	0.0253	0.0164
宁夏	0.0197	0.0196	0.0209	0.0204	0.0166	0.0186	0.0194	0.0197
青海	0.0116	0.0113	0.0115	0.0118	0.0117	0.0129	0.0130	0.0116
陕西	0.0272	0.0289	0.0309	0.0317	0.0328	0.0461	0.0483	0.0272
山东	0.0524	0.0573	0.0614	0.0651	0.0674	0.0758	0.0877	0.0524
上海	0.0738	0.0786	0.0850	0.0906	0.0937	0.1217	0.2014	0.0738
山西	0.0305	0.0339	0.0333	0.0317	0.0254	0.0291	0.0278	0.0305
四川	0.0368	0.0404	0.0424	0.0425	0.0441	0.0600	0.0684	0.0368
天津	0.0475	0.0504	0.0535	0.0659	0.0700	0.0915	0.1194	0.0475
新疆	0.0202	0.0175	0.0167	0.0177	0.0153	0.0157	0.0184	0.0202
云南	0.0294	0.0323	0.0327	0.0308	0.0297	0.0355	0.0261	0.0294
浙江	0.0604	0.0643	0.0696	0.0713	0.0733	0.0890	0.0964	0.0604

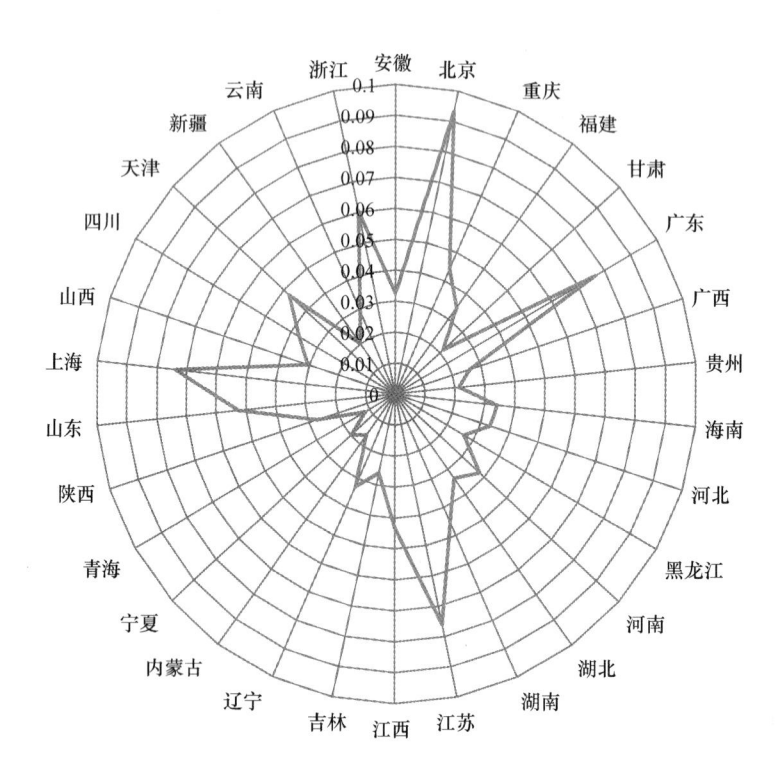

图 3-3　2012—2018 年国家级产业园区分省市区开放维度指标均值情况

表3-8　2012—2018年国家级产业园区分省市区评价开放维度指数值排名

省市区	开放维度指数值排名							
	2012年	2013年	2014年	2015年	2016年	2017年	2018年	均值
安徽	18	18	17	17	16	14	14	18
北京	1	1	1	1	1	1	1	1
重庆	9	7	9	11	9	10	10	9
福建	13	13	12	10	10	11	9	13
甘肃	25	26	25	27	27	27	29	25
广东	2	2	3	2	2	3	3	2
广西	23	24	24	24	26	26	23	23
贵州	26	25	28	25	23	23	22	26
海南	14	15	16	16	18	20	19	14
河北	16	16	13	14	14	17	17	16
黑龙江	22	23	22	19	19	18	20	22
河南	11	11	10	9	11	9	12	11
湖北	15	14	15	13	12	13	13	15
湖南	8	9	8	8	8	7	8	8
江苏	3	3	2	3	3	4	4	3
江西	10	10	11	12	15	15	15	10
吉林	24	22	23	23	22	22	21	24
辽宁	17	17	18	18	17	19	18	17
内蒙古	29	28	26	26	25	25	26	29
宁夏	28	27	27	28	28	28	27	28
青海	30	30	30	30	30	30	30	30
陕西	21	21	21	20	20	16	16	21
山东	6	6	6	7	7	8	7	6
上海	4	4	4	4	4	2	2	4
山西	19	19	19	20	23	24	24	19
四川	12	12	14	15	13	12	11	12

续表

省市区	开放维度指数值排名							
	2012年	2013年	2014年	2015年	2016年	2017年	2018年	均值
天津	7	7	7	6	6	5	5	7
新疆	27	29	29	29	29	29	28	27
云南	20	20	20	22	21	21	25	20
浙江	5	5	5	5	5	6	6	5

4. 绿色维度

从2012—2018年国家级产业园区分省评价绿色维度指数值来看，绿色维度指数在部分省区出现了负值，甘肃省、宁夏回族自治区、山西省、新疆维吾尔自治区、内蒙古自治区、青海省、陕西省、河北省、贵州省、安徽省、广西壮族自治区、海南省、河南省、江西省、吉林省、黑龙江省、辽宁省、云南省18个省区的国家级产业园区绿色维度指数在0以下，以负值呈现，这说明我国产业园区在绿色发展方面欠缺较大。同时，北京、上海、广东、江苏四省市国家级产业园区绿色维度指数处于全国领先水平，广东、上海和北京国家级产业园区绿色维度指数均超过0.4。

近年来，国家级产业园区倡导绿色工业园区发展模式，着力于绿色创新，既注重资源节约，又注重环境保护，因而是我国实现产业集群创新、园区绿色创新的典型和模板。绿色发展强调通过改善能源结构、提高能源效率、优化产业结构和推动技术进步来实现；绿色发展通过绿色分配，形成良好的生态环保意识并构建绿色生活方式，保证人与人之间的社会福利最大化、人与自然之间的最大和谐共生化。对入驻产业园区中的企业来说，推进绿色发展也许短时间会造成一定运行成本的升高，但是随着环保监管的日益完善，率先实现环保达标升级的产业必将能够带来巨大的经济效益，同时也带来了巨大的环境效益。

对环保监管和人们对环境质量要求的日益提升，东部地区较为落后的产业园区也必将着力引导符合国家产业政策、市场准入条件，符合清洁生产和循环经济要求，能耗低、经济效益好的企业向中、西部转移，通过产业转移、共建园区等多种合作模式，推进东部沿海地区、发达地区腾笼换鸟，推动产业转型升级和园区能级的进一步提升，同时也实现中、西部地区经济又好又快发展，带动整个国土空间协调发展。

表3-9　2012—2018年国家级产业园区分省市区评价绿色维度指数值

省市区	绿色维度指标指数值							
	2012年	2013年	2014年	2015年	2016年	2017年	2018年	均值
安徽	-0.0189	-0.0191	-0.0113	-0.0161	-0.0174	-0.0120	0.0093	-0.0122
北京	0.3027	0.2306	0.2238	0.6387	0.5360	0.4992	0.4874	0.4169
重庆	0.0358	0.0352	0.0048	0.0252	0.0711	0.0641	0.0520	0.0412
福建	0.0490	0.0253	0.0316	0.0332	0.0326	0.0318	0.0765	0.0400
甘肃	-0.1617	-0.3044	-0.2651	-0.2805	-0.3350	-0.1713	-0.2278	-0.2494
广东	0.3334	0.3683	0.3927	0.5010	0.5512	0.5752	0.5709	0.4704
广西	-0.0560	-0.0573	-0.0513	-0.0629	-0.0714	-0.0693	-0.0911	-0.0656
贵州	-0.1205	-0.1471	-0.1497	-0.1881	-0.1752	-0.1370	-0.1322	-0.1500
海南	-0.0630	-0.0630	-0.0617	-0.0611	0.0453	-0.0501	-0.0231	-0.0395
河北	-0.0083	-0.0138	-0.0586	-0.0520	-0.0104	-0.0281	-0.0155	-0.0267
黑龙江	-0.1021	-0.1181	-0.1013	-0.1011	-0.1465	-0.2141	-0.0276	-0.1158
河南	-0.0423	-0.0464	-0.0513	-0.0462	-0.0404	-0.0420	-0.0208	-0.0413
湖北	0.0241	0.0030	0.0103	0.0359	0.0287	0.0308	0.0130	0.0208
湖南	-0.0196	-0.0222	-0.0032	-0.0050	0.0854	0.0899	0.0890	0.0306
江苏	0.1444	0.2211	0.2119	0.1466	0.2035	0.2415	0.2488	0.2025
江西	-0.0130	-0.0126	-0.0129	-0.0605	-0.0812	-0.0193	-0.0211	-0.0315
吉林	-0.0712	-0.0991	-0.0323	-0.0572	-0.0833	-0.1105	-0.0493	-0.0718
辽宁	0.0045	-0.0902	-0.0787	-0.0278	-0.0861	-0.0914	0.0003	-0.0528
内蒙古	-0.0723	-0.2932	-0.1698	-0.1188	-0.1447	-0.1121	-0.1370	-0.1497
宁夏	-0.1589	-0.1746	-0.1695	-0.1585	-0.2235	-0.1386	-0.1430	-0.1667
青海	-0.1665	-0.2787	-0.3335	-0.1845	-0.2943	-0.4002	-0.3941	-0.2931

续表

省市区	绿色维度指标指数值							
	2012年	2013年	2014年	2015年	2016年	2017年	2018年	均值
陕西	-0.0428	-0.0570	-0.0651	-0.0499	-0.0374	-0.0165	-0.0216	-0.0415
山东	0.1856	0.1597	0.1632	0.1765	0.1665	0.1720	0.1675	0.1701
上海	0.4792	0.3962	0.4322	0.4187	0.4272	0.4524	0.4420	0.4354
山西	-0.0805	-0.0997	-0.1063	-0.1171	-0.0679	-0.0967	-0.0939	-0.0946
四川	0.0907	0.0811	0.0674	0.0658	0.0478	0.0635	0.0727	0.0699
天津	0.2340	0.2441	0.2054	0.2028	0.2131	0.2159	0.2358	0.2216
新疆	-0.1245	-0.1622	-0.1464	-0.0978	-0.2217	-0.1742	-0.1440	-0.1530
云南	-0.0839	-0.1151	-0.1152	-0.0488	-0.0254	-0.0670	-0.0593	-0.0735
浙江	0.1933	0.1669	0.1866	0.2306	0.2714	0.2796	0.2198	0.2212

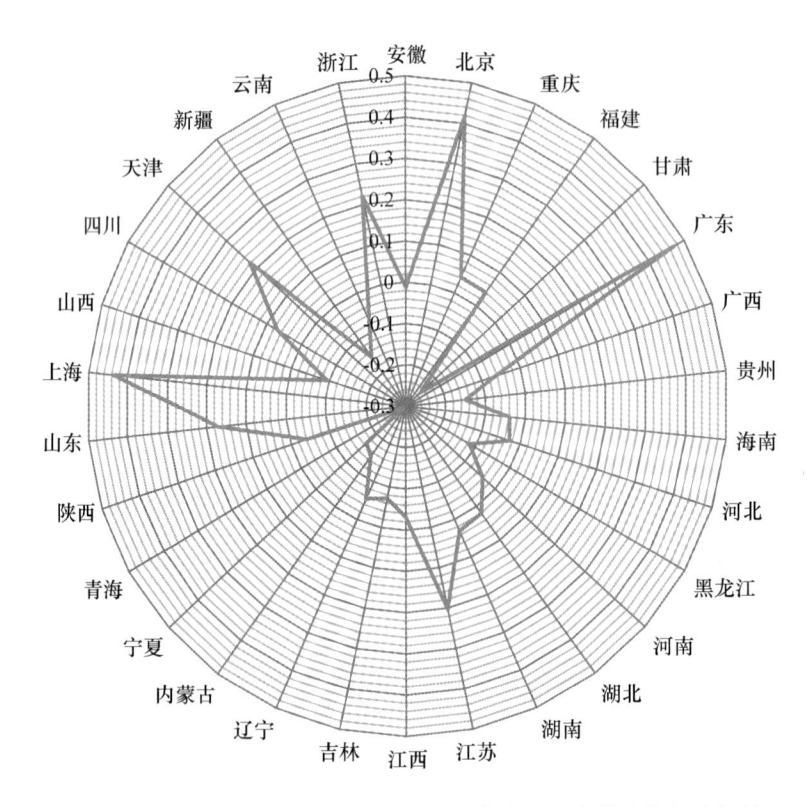

图 3-4　2012—2018年国家级产业园区分省市区绿色维度指标均值情况

表3-10　2012—2018年国家级产业园区分省市区评价绿色维度指数值排名

省市区	2012年	2013年	2014年	2015年	2016年	2017年	2018年	均值
安徽	15	14	13	13	15	13	13	13
北京	3	4	3	1	2	2	2	3
重庆	10	9	11	11	9	9	11	9
福建	9	10	9	10	12	11	9	10
甘肃	29	30	29	30	30	27	29	29
广东	2	2	2	2	1	1	1	1
广西	19	18	16	22	20	20	23	20
贵州	26	25	26	29	26	25	25	26
海南	20	19	19	21	11	18	19	16
河北	13	13	18	18	14	16	15	14
黑龙江	25	24	22	24	25	29	20	24
河南	17	16	16	15	18	17	16	17
湖北	11	11	10	9	13	12	12	12
湖南	16	15	12	12	8	8	8	11
江苏	7	5	4	7	6	5	4	6
江西	14	12	14	20	21	15	17	15
吉林	21	21	15	19	22	23	21	21
辽宁	12	20	21	14	23	21	14	19
内蒙古	22	29	28	26	24	24	26	25
宁夏	28	27	27	27	28	26	27	28
青海	30	28	30	28	29	30	30	30
陕西	18	17	20	17	17	14	18	18
山东	6	7	7	6	7	7	7	7
上海	1	1	1	3	3	3	3	2
山西	23	22	23	25	19	22	24	23
四川	8	8	8	8	10	10	10	8
天津	4	3	5	5	5	6	5	4

续表

省市区	绿色维度指标值排名							
	2012年	2013年	2014年	2015年	2016年	2017年	2018年	均值
新疆	27	26	25	23	27	28	28	27
云南	24	23	24	16	16	19	22	22
浙江	5	6	6	4	4	4	6	5

5. 共享维度

从2012—2018年国家级产业园区分省评价共享维度指数值来看，上海、江苏、广东、北京的指数得分一直处于较高水平，而新疆、青海、甘肃区域内的国家级园区共享维度指数得分偏低。东部沿海地区国家级产业园区在落实国家"发展产业园区、促进产业转移、培育产业集群"的效果更为突出，打造集环境营造、产业资源整合、行业集中汇聚、配套服务完备、人才培养齐整于一体，实体基地与网络服务平台共进互动、互补融合的环境，以多种信息技术为支撑，成为向产业融合发展提供孵化环境、成长条件、服务平台的综合与全方位服务基地。

同时，近年来，东部沿海和中部地区园区在促进园区产业融合，以发展信息服务业为主，致力于提升企业核心竞争力，逐渐推动产业园区主导产业转型升级和园区智慧化建设水平。遵循产业集聚、产业配套、产业链延伸的发展规律、需求和自身优势，确定重点发展的主导产业，培育特色产业集群。通过科学确定重点发展方向、合理进行产业布局，逐渐形成了以核心主导产业为纽带、以大型企业为龙头、配套企业分工协作的产业体系。

近年来，东西部地区、发达与欠发达地区产业园区共建模式逐渐推广，中西部地区根据实际情况选择若干个园区，有序引导沿海地区、发达地区的机械电子、轻纺制造、新型建材、农产品加工及现代服务业等产业向中西部地区、欠发达地区共建园区转移，从而实现西部地区产业园区引入行业内龙头企业、关联配套企业、自主品牌企业，向共建园区集聚。

表3-11 2012—2018年国家级产业园区分省市区共享维度指标指数值

省市区	共享维度指标指数值							
	2012年	2013年	2014年	2015年	2016年	2017年	2018年	均值
安徽	0.0271	0.0295	0.0285	0.0281	0.0311	0.0326	0.0305	0.0296
北京	0.0494	0.0517	0.0542	0.0567	0.0587	0.0604	0.0597	0.0558
重庆	0.0329	0.0377	0.0318	0.0340	0.0331	0.0343	0.0358	0.0342
福建	0.0425	0.0419	0.0303	0.0275	0.0340	0.0354	0.0367	0.0355
甘肃	0.0198	0.0241	0.0154	0.0145	0.0162	0.0171	0.0166	0.0177
广东	0.0854	0.0602	0.0560	0.0556	0.0598	0.0653	0.0664	0.0641
广西	0.0248	0.0236	0.0222	0.0237	0.0216	0.0224	0.0235	0.0231
贵州	0.0244	0.0241	0.0250	0.0261	0.0257	0.0272	0.0237	0.0252
海南	0.0255	0.0256	0.0260	0.0252	0.0248	0.0261	0.0256	0.0255
河北	0.0295	0.0318	0.0324	0.0309	0.0313	0.0302	0.0305	0.0309
黑龙江	0.0242	0.0285	0.0267	0.0294	0.0258	0.0242	0.0243	0.0261
河南	0.0328	0.0354	0.0362	0.0329	0.0331	0.0341	0.0340	0.0341
湖北	0.0338	0.0284	0.0263	0.0268	0.0282	0.0328	0.0323	0.0298
湖南	0.0304	0.0302	0.0352	0.0369	0.0394	0.0406	0.0394	0.0360
江苏	0.0737	0.0780	0.0749	0.0764	0.0636	0.0643	0.0588	0.0700
江西	0.0259	0.0263	0.0272	0.0284	0.0299	0.0305	0.0299	0.0283
吉林	0.0244	0.0251	0.0249	0.0249	0.0242	0.0247	0.0239	0.0246
辽宁	0.0248	0.0231	0.0220	0.0231	0.0246	0.0253	0.0261	0.0241
内蒙古	0.0224	0.0227	0.0222	0.0186	0.0166	0.0176	0.0176	0.0197
宁夏	0.0254	0.0264	0.0240	0.0185	0.0161	0.0169	0.0175	0.0207
青海	0.0193	0.0122	0.0142	0.0114	0.0155	0.0135	0.0134	0.0142
陕西	0.0310	0.0331	0.0345	0.0360	0.0285	0.0298	0.0272	0.0314
山东	0.0471	0.0463	0.0457	0.0460	0.0494	0.0488	0.0479	0.0473
上海	0.0747	0.0766	0.0781	0.0744	0.0721	0.0733	0.0691	0.0740
山西	0.0226	0.0235	0.0245	0.0247	0.0240	0.0213	0.0199	0.0229

续表

省市区	共享维度指标指数值							
	2012年	2013年	2014年	2015年	2016年	2017年	2018年	均值
四川	0.0366	0.0372	0.0366	0.0372	0.0403	0.0357	0.0342	0.0368
天津	0.0296	0.0318	0.0329	0.0360	0.0393	0.0411	0.0426	0.0362
新疆	0.0228	0.0242	0.0176	0.0181	0.0164	0.0170	0.0167	0.0190
云南	0.0207	0.0176	0.0191	0.0190	0.0190	0.0202	0.0196	0.0193
浙江	0.0464	0.0464	0.0443	0.0527	0.0510	0.0506	0.0496	0.0487

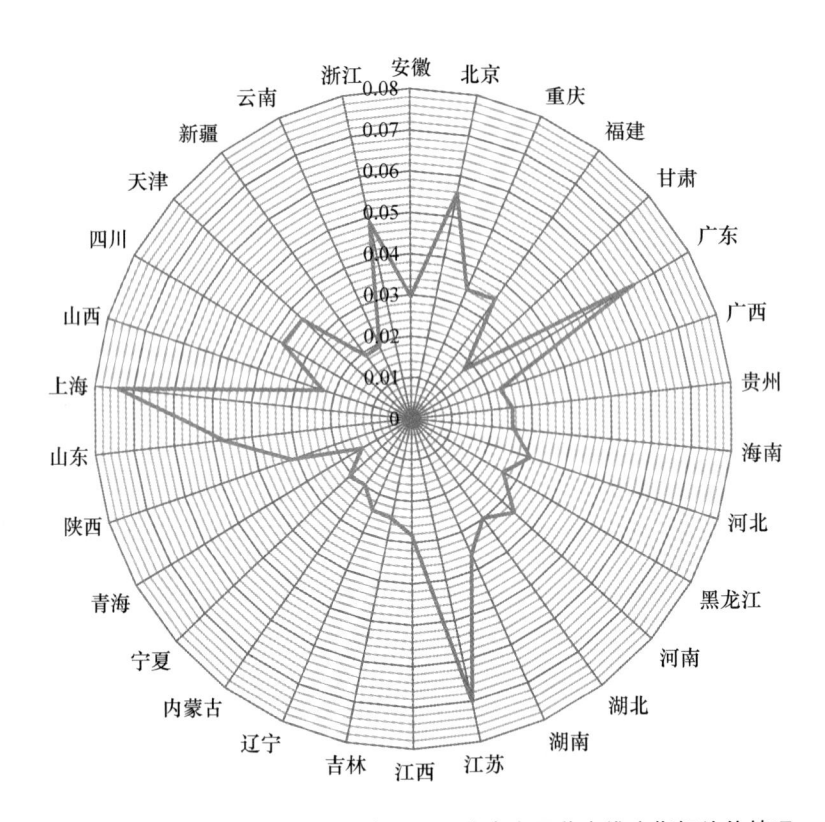

图3-5 2012—2018年国家级产业园区分省市区共享维度指标均值情况

表 3-12 2012—2018 年国家级产业园区分省市区共享维度指标排名

省市区	共享维度指标指数排名							
	2012年	2013年	2014年	2015年	2016年	2017年	2018年	均值
安徽	16	15	15	16	14	14	14	16
北京	4	4	4	3	4	4	3	4
重庆	10	8	13	11	11	11	10	11
福建	7	7	14	17	10	10	9	10
甘肃	29	23	29	29	28	27	29	29
广东	1	3	3	4	3	2	2	3
广西	20	25	24	23	24	23	23	23
贵州	22	23	20	19	19	18	22	20
海南	18	20	19	20	20	19	19	19
河北	15	12	12	13	13	16	14	14
黑龙江	24	16	17	14	18	22	20	18
河南	11	10	8	12	11	12	12	12
湖北	9	17	18	18	17	13	13	15
湖南	13	14	9	8	8	8	8	9
江苏	3	1	2	1	2	3	4	2
江西	17	19	16	15	15	15	16	17
吉林	22	21	21	21	22	21	21	21
辽宁	20	27	26	24	21	20	18	22
内蒙古	27	28	24	26	26	26	26	26
宁夏	19	18	23	27	29	29	27	25
青海	30	30	30	30	30	30	30	30
陕西	12	11	10	9	16	17	17	13
山东	5	6	5	6	6	6	6	6
上海	2	2	1	2	1	1	1	1
山西	26	26	22	22	23	24	24	24
四川	8	9	7	7	7	9	11	7
天津	14	12	11	9	9	7	7	8

续表

省市区	共享维度指标指数排名							
	2012年	2013年	2014年	2015年	2016年	2017年	2018年	均值
新疆	25	22	28	28	27	28	28	28
云南	28	29	27	25	25	25	25	27
浙江	6	5	6	5	5	5	5	5

二 重点产业园区评价结果分析

本部分选取全国105个典型产业园区，利用园区层面高质量发展评价指标体系，测算其高质量发展综合指数和创新能力、竞争能力、共享能力得分情况，2018年重点国家级园区高质量发展综合评价得分情况如表3-13所示。

表3-13　2018年重点国家级园区高质量发展综合评价得分情况

排名	综合指数	2018年指标值	创新能力	2018年指标值	竞争能力	2018年指标值	共享能力	2018年指标值
1	上海紫竹	0.6185	杭州	0.3170	苏州	0.2731	宁波	0.1068
2	成都	0.5503	深圳	0.3054	上海紫竹	0.2452	温州	0.0955
3	武汉	0.5069	武汉	0.2895	惠州	0.2449	杭州	0.0802
4	沈阳	0.5029	沈阳	0.2756	成都	0.2306	绍兴	0.0796
5	杭州	0.4987	合肥	0.2584	无锡	0.2104	上海紫竹	0.0787
6	南宁	0.4883	上海紫竹	0.2583	中山	0.2083	北京中关村	0.0762
7	深圳	0.4869	上海张江	0.2190	厦门	0.1926	咸阳	0.0748
8	苏州	0.4805	石家庄	0.2162	东莞	0.1875	珠海	0.0731
9	合肥	0.4752	福州	0.2157	珠海	0.1828	上海张江	0.0711
10	惠州	0.4541	成都	0.2069	昆山	0.1803	广州	0.0709
11	上海张江	0.4310	南宁	0.2005	南宁	0.1529	江门	0.0706
12	大连	0.4240	长春净月	0.1997	江门	0.1521	佛山	0.0692
13	北京中关村	0.4138	西安	0.1949	大连	0.1407	肇庆	0.0688

续表

排名	综合指数	2018年指标值	创新能力	2018年指标值	竞争能力	2018年指标值	共享能力	2018年指标值
14	珠海	0.4088	天津滨海	0.1928	威海	0.1388	深圳	0.0682
15	厦门	0.4057	北京中关村	0.1924	上海张江	0.1306	惠州	0.0681
16	中山	0.3985	大连	0.1862	合肥	0.1299	中山	0.0680
17	天津滨海	0.3942	广州	0.1809	宁波	0.1278	榆林	0.0679
18	无锡	0.3906	常州	0.1733	武汉	0.1275	东莞	0.0675
19	长春净月	0.3798	佛山	0.1694	西安	0.1259	武进	0.0674
20	福州	0.3768	珠海	0.1586	营口	0.1206	天津滨海	0.0668
21	常州	0.3760	长沙	0.1577	深圳	0.1180	泰州	0.0662
22	西安	0.3721	马鞍山	0.1551	天津滨海	0.1168	南京	0.0659
23	石家庄	0.3660	青岛	0.1532	武进	0.1162	无锡	0.0653
24	昆山	0.3498	郑州	0.1528	绍兴	0.1153	徐州	0.0647
25	广州	0.3445	济南	0.1477	常州	0.1120	昆山	0.0642
26	东莞	0.3385	宜昌	0.1392	北京中关村	0.1116	常州	0.0635
27	郑州	0.3240	厦门	0.1334	江阴	0.1084	江阴	0.0631
28	江门	0.3137	鞍山	0.1320	广州	0.1060	苏州	0.0621
29	威海	0.3062	哈尔滨	0.1250	沈阳	0.1045	厦门	0.0616
30	佛山	0.3052	南京	0.1184	福州	0.1020	泉州	0.0616
31	青岛	0.2989	柳州	0.1174	衡阳	0.1013	福州	0.0602
32	哈尔滨	0.2949	洛阳	0.1110	青岛	0.1006	莆田	0.0601
33	济南	0.2892	襄樊	0.1091	南京	0.1001	淄博	0.0592
34	长沙	0.2877	湘潭	0.1073	杭州	0.0939	大庆	0.0574
35	宁波	0.2805	南昌	0.1067	绵阳	0.0925	吉林	0.0568
36	衡阳	0.2767	衡阳	0.1062	长沙	0.0896	重庆	0.0562
37	马鞍山	0.2591	芜湖	0.1045	温州	0.0885	西安	0.0556
38	宜昌	0.2445	南阳	0.1031	济南	0.0873	宝鸡	0.0529
39	绍兴	0.2409	益阳	0.1023	郑州	0.0853	本溪	0.0513
40	南京	0.2390	贵阳	0.0999	佛山	0.0852	合肥	0.0503

续表

排名	综合指数	2018年指标值	创新能力	2018年指标值	竞争能力	2018年指标值	共享能力	2018年指标值
41	武进	0.2271	包头	0.0966	烟台	0.0842	长春	0.0497
42	江阴	0.2210	桂林	0.0960	哈尔滨	0.0815	烟台	0.0496
43	温州	0.2153	兰州	0.0960	南昌	0.0754	威海	0.0490
44	桂林	0.2151	重庆	0.0929	芜湖	0.0741	济南	0.0488
45	鞍山	0.2145	威海	0.0920	榆林	0.0734	蚌埠	0.0484
46	南阳	0.2123	景德镇	0.0836	潍坊	0.0732	青岛	0.0484
47	兰州	0.2067	咸阳	0.0833	宜昌	0.0720	鞍山	0.0482
48	营口	0.2032	宁波	0.0829	鞍山	0.0707	杨凌	0.0479
49	绵阳	0.1983	株洲	0.0810	石家庄	0.0684	安阳	0.0469
50	贵阳	0.1934	杨凌	0.0798	南阳	0.0682	潍坊	0.0468
51	芜湖	0.1871	惠州	0.0752	重庆	0.0672	自贡	0.0464
52	湘潭	0.1862	太原	0.0731	肇庆	0.0669	济宁	0.0458
53	咸阳	0.1851	温州	0.0718	本溪	0.0660	泰安	0.0457
54	重庆	0.1832	苏州	0.0699	新乡	0.0660	孝感	0.0456
55	杨凌	0.1830	海南	0.0696	景德镇	0.0652	渭南	0.0455
56	南昌	0.1828	江门	0.0651	淄博	0.0652	南昌	0.0454
57	玉溪	0.1828	淄博	0.0643	咸阳	0.0642	辽阳	0.0451
58	益阳	0.1791	唐山	0.0643	泰州	0.0634	襄樊	0.0451
59	襄樊	0.1753	东莞	0.0638	徐州	0.0630	临沂	0.0442
60	肇庆	0.1718	蚌埠	0.0637	长春	0.0619	乐山	0.0441
61	柳州	0.1710	江阴	0.0619	玉溪	0.0599	齐齐哈尔	0.0438
62	延吉	0.1682	本溪	0.0614	马鞍山	0.0597	宜昌	0.0436
63	榆林	0.1663	齐齐哈尔	0.0614	乐山	0.0594	成都	0.0436
64	包头	0.1658	长春	0.0613	昌吉	0.0581	芜湖	0.0436
65	景德镇	0.1633	保定	0.0608	桂林	0.0571	武汉	0.0435
66	洛阳	0.1623	肇庆	0.0586	济宁	0.0567	唐山	0.0434
67	烟台	0.1568	泰安	0.0567	泉州	0.0558	哈尔滨	0.0432

续表

排名	综合指数	2018年指标值	创新能力	2018年指标值	竞争能力	2018年指标值	共享能力	2018年指标值
68	本溪	0.1483	绵阳	0.0534	渭南	0.0557	绵阳	0.0428
69	淄博	0.1456	无锡	0.0516	莆田	0.0550	长春净月	0.0427
70	新乡	0.1336	昆明	0.0511	自贡	0.0543	长沙	0.0426
71	潍坊	0.1332	武进	0.0510	新余	0.0543	株洲	0.0422
72	株洲	0.1316	白银	0.0495	兰州	0.0519	大连	0.0418
73	泰州	0.1313	榆林	0.0487	洛阳	0.0512	马鞍山	0.0416
74	乐山	0.1301	昆山	0.0479	株洲	0.0512	兰州	0.0403
75	海南	0.1294	中山	0.0471	长春净月	0.0508	益阳	0.0403
76	泉州	0.1276	新乡	0.0469	海南	0.0505	衡阳	0.0402
77	长春	0.1255	乐山	0.0467	唐山	0.0504	湘潭	0.0401
78	唐山	0.1230	乌鲁木齐	0.0444	贵阳	0.0500	洛阳	0.0398
79	齐齐哈尔	0.1215	泉州	0.0441	益阳	0.0498	保定	0.0397
80	徐州	0.1193	自贡	0.0427	泰安	0.0487	承德	0.0395
81	太原	0.1192	潍坊	0.0423	鹰潭	0.0473	海南	0.0395
82	乌鲁木齐	0.1175	昌吉	0.0418	大庆	0.0464	营口	0.0392
83	泰安	0.1169	青海	0.0418	襄樊	0.0464	石家庄	0.0390
84	莆田	0.1169	孝感	0.0403	安阳	0.0445	鹰潭	0.0390
85	昌吉	0.1149	宝鸡	0.0396	宝鸡	0.0441	燕郊	0.0388
86	白银	0.1141	大庆	0.0348	临沂	0.0435	南阳	0.0386
87	自贡	0.1129	鹰潭	0.0346	蚌埠	0.0434	新乡	0.0385
88	蚌埠	0.1110	营口	0.0342	保定	0.0433	新余	0.0384
89	保定	0.1072	绍兴	0.0335	齐齐哈尔	0.0431	景德镇	0.0379
90	大庆	0.1048	燕郊	0.0330	湘潭	0.0413	沈阳	0.0376
91	济宁	0.0982	承德	0.0329	乌鲁木齐	0.0411	郑州	0.0376
92	渭南	0.0969	新余	0.0304	柳州	0.0379	桂林	0.0374
93	宝鸡	0.0968	莆田	0.0303	延吉	0.0367	柳州	0.0367
94	昆明	0.0968	泰州	0.0297	包头	0.0362	太原	0.0363

续表

排名	综合指数	2018年指标值	创新能力	2018年指标值	竞争能力	2018年指标值	共享能力	2018年指标值
95	新余	0.0929	安阳	0.0269	吉林	0.0360	南宁	0.0345
96	青海	0.0897	徐州	0.0262	孝感	0.0356	白银	0.0315
97	安阳	0.0874	辽阳	0.0248	昆明	0.0333	宁夏	0.0310
98	鹰潭	0.0860	烟台	0.0228	承德	0.0333	昌吉	0.0304
99	孝感	0.0851	济宁	0.0189	燕郊	0.0329	青海	0.0286
100	承德	0.0829	临沂	0.0176	辽阳	0.0327	贵阳	0.0261
101	吉林	0.0826	玉溪	0.0172	青海	0.0325	包头	0.0252
102	临沂	0.0810	宁夏	0.0170	太原	0.0319	乌鲁木齐	0.0248
103	燕郊	0.0806	渭南	0.0165	杨凌	0.0317	昆明	0.0238
104	辽阳	0.0737	吉林	0.0144	白银	0.0246	延吉	0.0226
105	宁夏	0.0493	延吉	0.0074	宁夏	0.0152	玉溪	0.0225

（一）综合指数评价结果

从综合指数得分排名前三十的园区情况来看，总体上，我国产业园区的发展与所在地区经济发展水平、产业基础、资源禀赋、人才与科研资源、生态环境与城市功能综合实力相一致，产业园区大部分分布在"胡焕庸线"西南侧，东部沿海地区好于中西部地区，大城市与特大城市好于中小城市。综合得分前三十的园区基本集中在长三角、京津冀、粤港澳、关中和成渝一线等工业基础雄厚的地区，同时，长株潭、武汉城市群、中原城市群范围内园区发展成长呈现加速趋势，自主创新示范区的带动作用明显。

在整个国土空间范围内，我国已基本形成建设以北京中关村科技园区为核心的京津冀高新技术产业园区（开发区）集聚区；以成都、重庆、武汉、长沙、南昌—九江、合肥、南京、上海高新区为核心的、沿长江流域主干岸线布局的高新技术产业园区（开发区）集聚轴带；以深圳高新区为核心的粤港澳大湾区高新技术产业园区（开发区）集聚区；以呼包鄂、西安、杨凌高新区、兰州、西宁、乌鲁木齐为重点的沿欧亚大陆桥高新技术产业园区（开发区）集聚区，这四大高新技术产业园区（开发区）集聚区（轴带），为我国高新技术产业发展、国土空间开发高效利用和区域协调发展奠定了基础。

表3-14 重点国家级园区高质量发展综合指数评价得分情况排名

园区	C2012	C2013	C2014	C2015	C2016	C2017	C2018
北京中关村	10	14	14	13	15	16	13
天津滨海	13	18	31	32	37	28	17
石家庄	14	5	6	6	16	20	23
保定	72	69	44	75	74	96	89
唐山	88	34	71	81	75	75	78
燕郊	104	104	104	104	105	105	103
承德	84	90	102	96	104	103	100
太原	46	46	48	51	77	72	81
包头	71	75	76	91	101	66	64
沈阳	20	13	15	3	9	7	4
大连	12	16	17	14	14	15	12
鞍山	36	41	45	47	44	47	45
营口	83	83	96	100	45	46	48
辽阳	77	91	90	85	54	104	104
本溪	81	71	86	79	64	70	68
长春	67	63	64	77	65	59	77
吉林	94	98	95	86	97	95	101
延吉	45	52	66	65	81	65	62
长春净月	4	11	8	11	17	23	19
哈尔滨	66	32	39	25	26	22	32
大庆	39	43	41	41	53	48	90
齐齐哈尔	50	55	65	23	69	84	79

续表

园区	C2012	C2013	C2014	C2015	C2016	C2017	C2018
上海张江	22	33	24	15	18	14	11
上海紫竹	32	26	4	8	11	3	1
南京	42	47	43	40	41	38	40
常州	55	56	60	7	8	10	21
无锡	43	50	56	56	22	18	18
苏州	27	31	37	46	5	8	8
泰州	57	60	69	72	90	87	73
昆山	54	65	73	71	31	24	24
江阴	29	30	12	30	40	42	42
武进	51	54	55	60	47	45	41
徐州	38	49	25	67	80	83	80
杭州	1	1	1	1	2	5	5
宁波	28	25	32	28	32	36	35
绍兴	59	62	68	63	38	27	39
温州	40	42	57	64	52	53	43
合肥	21	8	7	9	21	6	9
蚌埠	52	45	50	58	73	80	88
芜湖	34	36	36	43	55	55	51
马鞍山	75	76	42	78	79	39	37
福州	7	6	10	18	13	13	20
厦门	18	19	23	26	6	12	15
泉州	69	88	81	76	78	78	76
莆田	98	100	89	83	82	86	84
南昌	61	59	59	53	49	58	56
景德镇	102	103	100	101	87	74	65
新余	105	105	105	105	100	91	95
鹰潭	103	102	98	90	98	100	98
济南	6	15	18	20	23	26	33

续表

园区	C2012	C2013	C2014	C2015	C2016	C2017	C2018
青岛	49	51	47	22	24	30	31
淄博	47	48	52	57	56	60	69
潍坊	56	53	22	17	25	64	71
威海	65	74	40	27	30	25	29
济宁	80	87	91	99	91	89	91
烟台	89	77	84	87	70	62	67
临沂	100	92	93	93	93	101	102
泰安	79	81	78	68	83	73	83
郑州	24	22	20	34	7	34	27
洛阳	23	17	21	36	66	63	66
南阳	82	61	67	49	48	44	46
安阳	101	101	94	92	102	102	97
新乡	74	79	83	82	85	85	70
武汉	11	12	13	12	12	4	3
襄樊	35	35	34	37	50	56	59
宜昌	63	67	72	80	88	41	38
孝感	93	96	79	73	86	97	99
长沙	26	23	27	24	42	37	34
株洲	41	40	46	45	63	82	72
湘潭	58	64	75	44	34	29	52
益阳	30	29	29	33	43	43	58
衡阳	96	93	87	97	58	50	36
广州	3	3	3	5	4	11	25
深圳	15	7	9	4	1	1	7
珠海	33	37	38	39	19	19	14
惠州	48	57	53	59	10	9	10
中山	31	28	30	70	20	17	16
佛山	9	10	16	19	29	33	30

续表

园区	C2012	C2013	C2014	C2015	C2016	C2017	C2018
肇庆	68	72	70	69	71	61	60
江门	53	58	62	50	27	35	28
东莞	44	44	54	61	28	32	26
南宁	17	21	19	21	33	21	6
桂林	92	20	33	42	57	54	44
柳州	70	70	77	62	67	76	61
海南	37	39	51	35	59	69	75
重庆	5	9	11	16	35	52	54
成都	8	4	5	10	3	2	2
绵阳	78	89	82	84	68	71	49
自贡	91	97	97	95	95	93	87
乐山	16	38	49	54	61	67	74
贵阳	76	84	35	38	60	57	50
昆明	86	78	85	48	51	98	94
玉溪	25	27	28	31	46	51	57
西安	19	24	26	29	36	31	22
宝鸡	87	86	88	89	92	90	93
杨凌	2	2	2	2	39	40	55
渭南	99	94	92	88	84	88	92
咸阳	60	68	58	55	72	49	53
榆林	64	80	63	74	89	79	63
兰州	85	66	80	52	62	68	47
白银	73	82	101	98	99	94	86
青海	97	99	103	102	103	99	96
宁夏	95	95	99	103	96	77	105
乌鲁木齐	90	85	61	94	94	81	82
昌吉	62	73	74	66	76	92	85

注：C为综合评价指数。

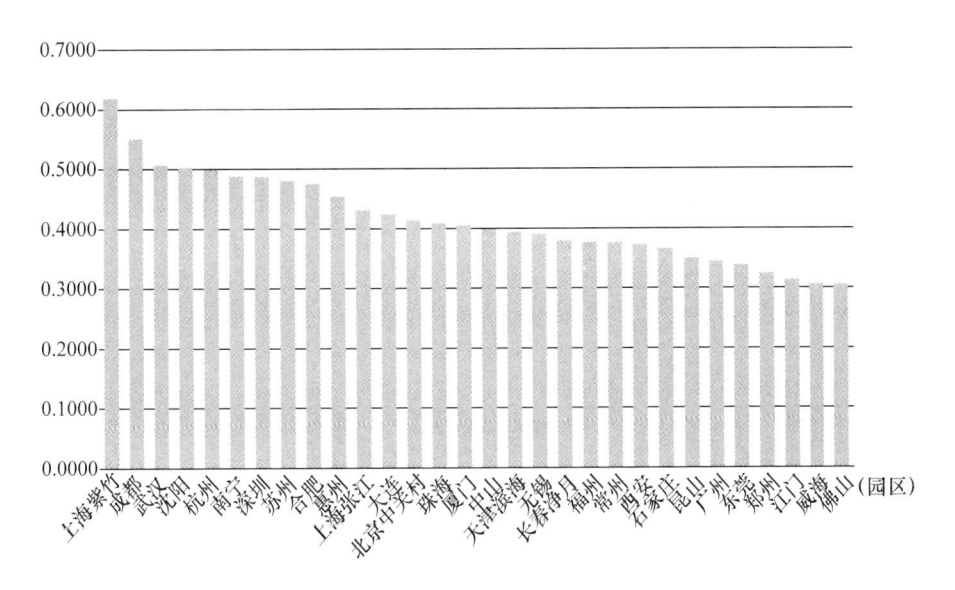

图 3-6 2018 年重点园区高质量发展评价指标综合得分前三十名园区情况

（二）创新能力指数评价结果

2018 年重点园区高质量发展评价创新指数得分前三十名园区情况，如图 3-7 所示，杭州、深圳、武汉、北京中关村、上海张江、杭州、武汉、深圳、广州、成都、西安、合肥等高新技术产业开发区的创新能力继续处在全国国家级高新技术产业开发区的前列。东北地区和西部地区国家高新区创新能力指数进入前三十的城市有六个，可以看出欠发达地区尤其是西北地区和需要转型发展地区的活力和新生希望，作为在该地区具有区域发展动力源和引领高地地位的国家高新技术产业开发区，其创新发展能力指数的加速提升和持续向好对所在区域突破瓶颈和摆脱经济发展困局是重大利好。尽管各高新技术产业开发区发展状况有所不同，但从全国范围来看，2016 年以来，我国高新区整体效率较 2012 年呈现上升趋势，这说明我国高新技术产业园区的纯技术效率在上升，与之前研究发现的 2008 年后一段时间由于纯技术效率下降所导致的全国范围高新区整体效率曾出现略微下降趋势不同，未来，我国高新区应当更加重视提

76　国家智库报告

图 3-7　2012—2018 年重点园区高质量发展评价指标综合得分情况

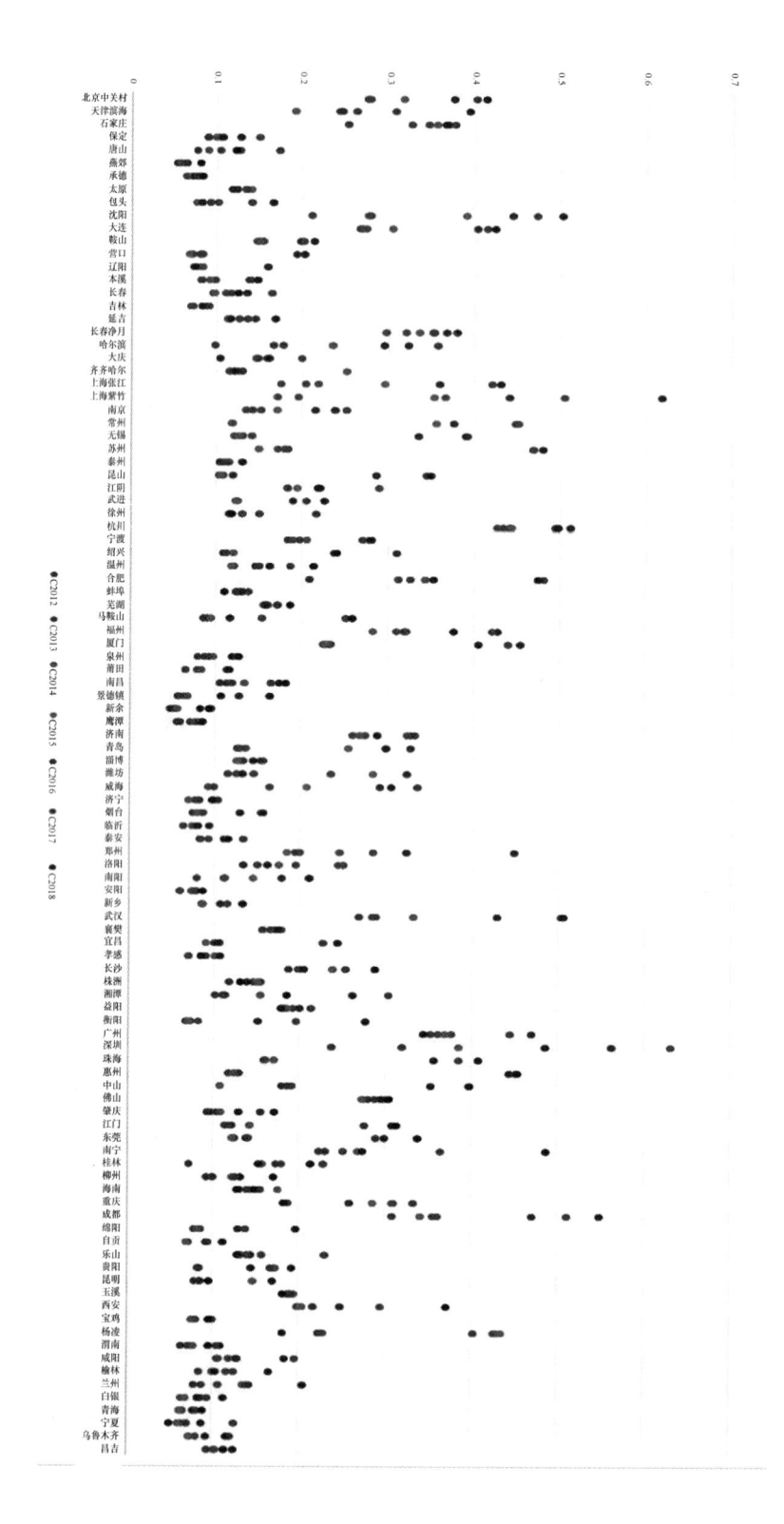

高创新资源的使用效率,从而提高国家级高新技术产业开发区整体创新绩效。

同时,从创新能力得分高的产业园区看,吸收能力、知识溢出作用均对企业创新绩效存在显著的正向作用;吸收能力不仅对企业创新绩效存在直接的正向作用,这与相关研究的结论也是一致的。[2-4]

表3-15　　　　重点国家级产业园区高质量发展创新能力指数评价得分情况排名

园区	CI2012	CI2013	CI2014	CI2015	CI2016	CI2017	CI2018
北京中关村	12	16	19	16	17	13	15
天津滨海	10	20	30	30	21	18	14
石家庄	14	7	8	5	6	8	8
保定	57	56	35	61	55	84	65
唐山	68	31	57	65	67	64	58
燕郊	103	102	102	101	101	96	90
承德	87	86	98	82	88	92	91
太原	42	40	42	40	45	41	52
包头	60	65	64	66	73	47	41
沈阳	25	15	18	8	4	7	4
大连	13	12	15	17	13	14	16
鞍山	28	36	43	43	28	32	28
营口	86	83	90	97	90	91	88
辽阳	91	95	93	84	100	97	97
本溪	78	68	89	71	72	55	62
长春	93	69	66	88	70	48	64
吉林	77	80	87	92	95	95	104
延吉	96	99	105	104	104	105	105
长春净月	8	19	16	14	10	15	12
哈尔滨	53	26	32	25	15	19	29

续表

园区	CI2012	CI2013	CI2014	CI2015	CI2016	CI2017	CI2018
大庆	34	48	41	41	41	37	86
齐齐哈尔	43	49	51	20	54	67	63
上海张江	23	29	22	10	12	10	7
上海紫竹	39	30	4	7	9	4	6
南京	47	52	44	36	32	26	30
常州	76	72	63	13	7	9	18
无锡	73	74	79	69	44	59	69
苏州	41	43	49	57	52	60	54
泰州	97	88	97	96	89	86	94
昆山	85	92	91	90	80	72	74
江阴	32	41	10	37	76	77	61
武进	67	64	60	62	64	68	71
徐州	45	57	25	73	83	89	96
杭州	1	1	1	1	1	2	1
宁波	38	37	47	39	48	52	48
绍兴	101	103	101	80	85	42	89
温州	49	53	78	75	74	69	53
合肥	17	6	5	6	11	6	5
蚌埠	37	34	46	50	47	50	60
芜湖	29	32	31	38	35	38	37
马鞍山	58	60	37	64	63	25	22
福州	4	8	7	12	14	11	9
厦门	22	21	27	26	19	20	27
泉州	88	82	74	67	69	79	79
莆田	79	97	86	89	84	87	93
南昌	46	47	48	47	43	46	35
景德镇	94	93	85	78	71	63	46
新余	104	104	104	102	98	90	92

续表

园区	CI2012	CI2013	CI2014	CI2015	CI2016	CI2017	CI2018
鹰潭	100	101	96	87	87	93	87
济南	5	14	20	23	20	21	25
青岛	44	45	45	19	18	22	23
淄博	40	42	50	52	57	57	57
潍坊	48	44	26	21	23	74	81
威海	63	77	39	32	30	30	45
济宁	70	79	81	94	94	98	99
烟台	84	66	76	81	97	94	98
临沂	102	87	99	99	99	103	100
泰安	66	71	68	54	66	58	67
郑州	18	17	17	48	51	27	24
洛阳	16	10	13	27	49	39	32
南阳	71	50	53	49	46	35	38
安阳	92	98	92	86	93	99	95
新乡	74	89	82	76	79	80	76
武汉	7	11	11	9	5	3	3
襄樊	26	28	29	33	33	34	33
宜昌	52	54	55	63	60	33	26
孝感	75	81	61	56	58	75	84
长沙	21	18	21	18	31	23	21
株洲	27	27	33	34	39	62	49
湘潭	50	58	59	44	37	31	34
益阳	24	24	28	29	25	24	39
衡阳	81	78	72	91	92	49	36
广州	2	3	3	3	3	5	17
深圳	15	4	6	2	2	1	2
珠海	31	35	34	35	27	28	20
惠州	83	85	95	98	82	78	51

续表

园区	CI2012	CI2013	CI2014	CI2015	CI2016	CI2017	CI2018
中山	30	33	38	74	29	76	75
佛山	11	9	12	15	16	17	19
肇庆	65	73	75	68	65	66	66
江门	55	63	71	53	38	61	56
东莞	33	39	58	59	59	51	59
南宁	20	23	23	24	24	16	11
桂林	80	25	40	51	56	53	42
柳州	51	51	54	46	40	44	31
海南	36	38	52	31	42	54	55
重庆	9	13	14	22	26	45	44
成都	6	5	9	11	8	12	10
绵阳	69	76	69	72	68	65	68
自贡	89	96	84	85	91	85	80
乐山	35	46	56	55	61	70	77
贵阳	56	62	36	42	53	43	40
昆明	61	59	62	45	36	73	70
玉溪	98	94	103	103	102	102	101
西安	19	22	24	28	22	29	13
宝鸡	64	67	73	83	75	83	85
杨凌	3	2	2	4	34	36	50
渭南	99	100	94	93	96	100	103
咸阳	72	70	67	70	78	40	47
榆林	105	105	80	105	105	104	73
兰州	62	55	70	58	50	56	43
白银	59	75	83	79	81	81	72
青海	82	84	88	95	86	88	83
宁夏	90	91	100	100	103	101	102
乌鲁木齐	95	90	77	77	77	71	78
昌吉	54	61	65	60	62	82	82

注：CI为创新能力评价指数。

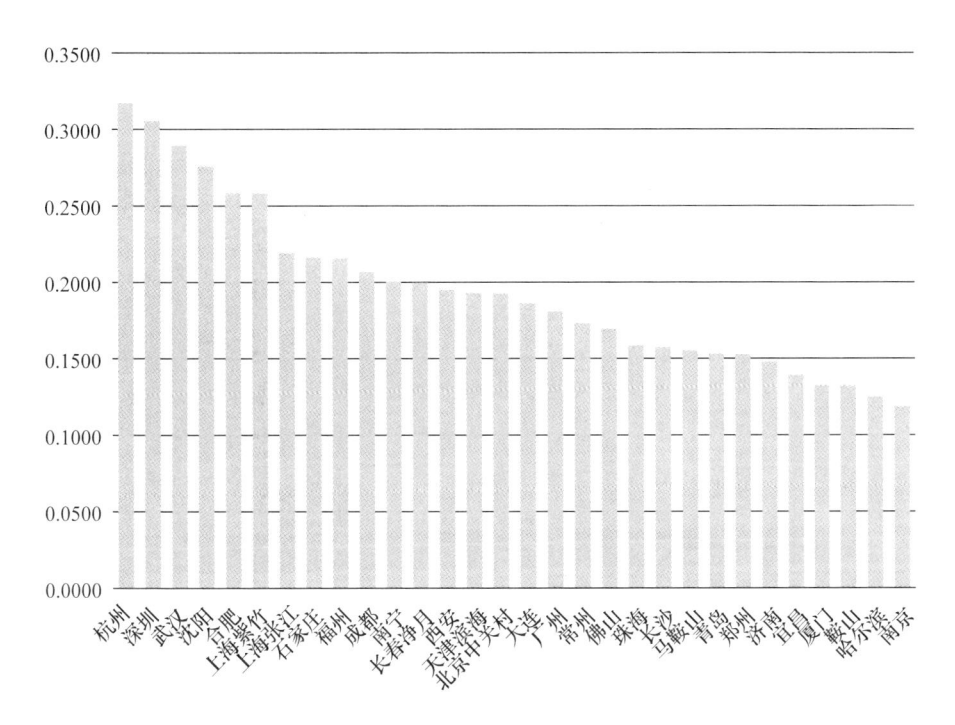

图 3-8 2018 年重点园区高质量发展评价创新指数得分前三十名园区情况

(三) 竞争能力指数评价结果

我国的产业园区与过去的位置要求不同,通过整合将生产过程外部化并与公司形成网络区域并且对位置的要求增加。[5-6] 2018 年重点园区高质量发展竞争能力指数得分前三十名园区情况如图 3-9 所示,长三角园区在竞争力方面存在明显的优势,苏州园区和上海园区位列前两名,粤港澳大湾区的惠州、中山、厦门、东莞位列前十,而位于西部地区的成都园区位列第四。从竞争力指数上看,东南沿海地区产业园区具有较强优势,而中西部地区的成都和武汉园区也具有一定优势。

图 3-9 2012—2018 年重点园区高质量发展评价创新能力指标综合得分情况

表 3-16 重点国家级园区高质量发展竞争能力指数评价得分情况排名

园区	CC2012	CC2013	CC2014	CC2015	CC2016	CC2017	CC2018
北京中关村	25	21	25	24	27	22	26
天津滨海	23	15	19	20	38	34	22
石家庄	26	38	45	48	52	52	49
保定	79	85	53	66	73	86	88
唐山	75	67	63	73	53	62	77
燕郊	95	93	91	94	101	104	99
承德	70	88	88	91	99	102	98
太原	96	97	98	89	98	100	102
包头	29	29	48	100	94	94	94
沈阳	42	39	40	52	54	32	29
大连	19	20	23	30	15	13	13
鞍山	40	27	24	34	57	58	48
营口	87	64	83	88	30	27	20
辽阳	37	50	44	31	36	97	100
本溪	45	40	54	63	51	77	53
长春	21	23	11	10	40	53	60
吉林	102	102	103	101	97	95	95
延吉	81	53	49	42	92	96	93
长春净月	33	19	26	21	41	39	75
哈尔滨	77	83	76	76	59	31	42
大庆	64	57	57	51	91	85	82
齐齐哈尔	58	63	86	104	87	101	89
上海张江	8	18	9	9	16	14	15
上海紫竹	2	1	4	7	12	12	2
南京	32	31	32	33	35	37	33
常州	48	46	50	29	17	21	25
无锡	11	16	15	12	8	5	5
苏州	5	3	2	4	1	1	1

续表

园区	CC2012	CC2013	CC2014	CC2015	CC2016	CC2017	CC2018
泰州	59	47	46	58	82	81	58
昆山	55	84	75	60	10	9	10
江阴	71	52	52	55	26	26	27
武进	53	51	41	41	31	30	23
徐州	43	66	47	49	66	67	59
杭州	20	17	14	14	25	33	34
宁波	12	13	16	26	20	23	17
绍兴	85	80	90	92	22	28	24
温州	99	94	82	102	58	46	37
合肥	17	11	20	13	29	18	16
蚌埠	86	61	71	69	84	84	87
芜湖	66	62	58	59	74	54	44
马鞍山	78	72	69	70	61	65	62
福州	14	12	12	11	5	10	30
厦门	3	2	1	3	4	6	7
泉州	18	86	84	67	71	68	67
莆田	105	105	104	80	70	72	69
南昌	67	56	51	43	42	47	43
景德镇	91	95	97	90	69	64	55
新余	97	96	102	96	77	66	71
鹰潭	98	87	56	45	79	78	81
济南	39	33	28	28	28	29	38
青岛	27	32	30	19	18	25	32
淄博	38	35	34	35	44	49	56
潍坊	31	34	29	23	23	44	46
威海	22	24	27	25	24	15	14
济宁	68	73	80	83	64	63	66
烟台	69	68	66	71	45	40	41
临沂	83	77	62	61	68	90	86
泰安	72	82	78	77	67	70	80
郑州	36	36	38	1	3	38	39
洛阳	50	44	39	47	63	74	73
南阳	84	74	70	68	49	56	50

续表

园区	CC2012	CC2013	CC2014	CC2015	CC2016	CC2017	CC2018
安阳	103	98	92	74	90	92	84
新乡	47	28	35	36	56	50	54
武汉	35	26	31	27	33	20	18
襄樊	74	58	64	62	85	80	83
宜昌	82	81	89	79	86	45	47
孝感	101	100	99	98	96	98	96
长沙	44	43	65	37	43	42	36
株洲	65	54	42	38	76	71	74
湘潭	90	92	81	39	21	17	90
益阳	57	55	55	54	81	79	79
衡阳	76	65	67	65	37	41	31
广州	7	6	17	16	19	24	28
深圳	16	14	8	5	6	7	21
珠海	13	10	13	17	7	8	9
惠州	4	7	5	6	2	2	3
中山	10	5	6	40	11	4	6
佛山	56	30	36	44	34	35	40
肇庆	92	90	94	84	78	59	52
江门	41	78	74	50	14	16	12
东莞	49	59	33	32	9	11	8
南宁	63	75	60	57	46	36	11
桂林	80	70	61	64	88	76	65
柳州	73	79	77	82	95	89	92
海南	51	60	68	75	72	75	76
重庆	34	49	37	46	39	43	51
成都	9	4	3	22	13	3	4
绵阳	94	99	100	97	55	57	35
自贡	60	69	93	86	75	83	70
乐山	1	41	85	93	60	60	63
贵阳	54	71	73	78	89	88	78
昆明	62	76	79	85	104	99	97
玉溪	15	8	7	8	62	61	61
西安	24	22	21	18	32	19	19

续表

园区	CC2012	CC2013	CC2014	CC2015	CC2016	CC2017	CC2018
宝鸡	89	91	96	87	83	82	85
杨凌	88	101	101	103	100	93	103
渭南	61	48	59	56	50	51	68
咸阳	52	45	43	53	80	73	57
榆林	6	9	10	2	47	48	45
兰州	100	103	87	81	93	87	72
白银	104	104	105	105	105	105	104
青海	93	89	95	95	102	103	101
宁夏	46	42	72	72	65	55	105
乌鲁木齐	28	25	18	99	103	91	91
昌吉	30	37	22	15	48	69	64

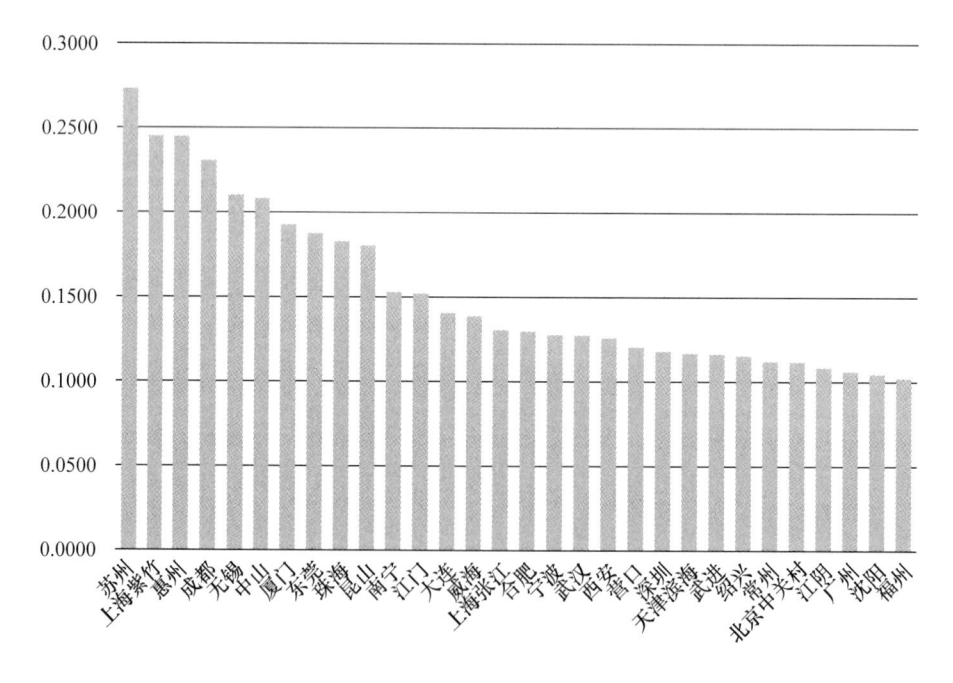

图3-10　2018年重点园区高质量发展竞争能力指数得分前三十名园区情况

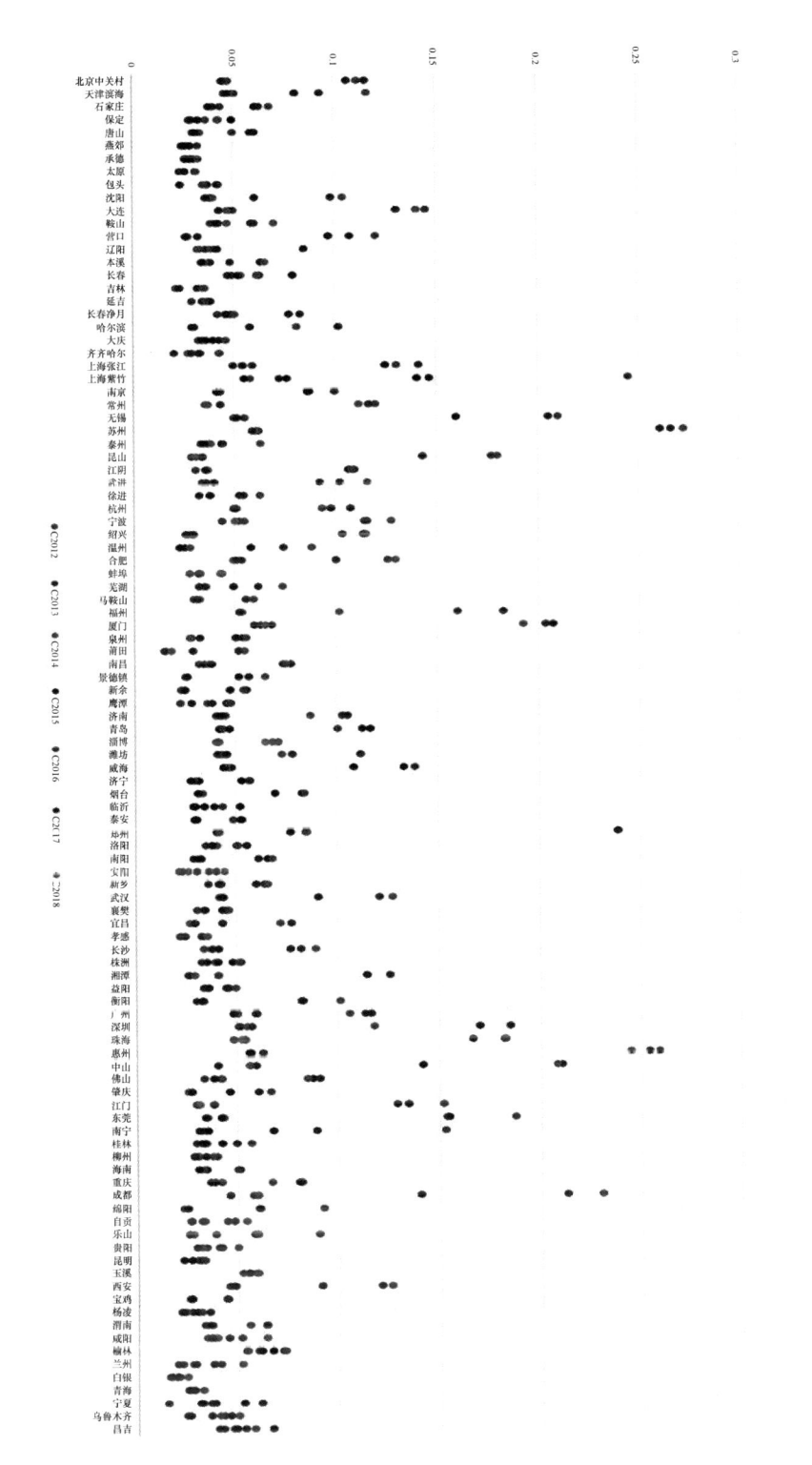

图 3-11 2012—2018 年重点园区高质量发展竞争能力评价指标综合得分情况

(四) 共享能力评价指标结果

自 1986 年北京中关村高新区建立以来，高新区已经成为我国科技成果创新、转化的重要基地，是经济增长的重要拉动力量；同时也促进了中国的经济结构调整和产业优化。[7] 2018 年重点园区高质量发展共享能力指数得分前三十名园区情况如图 3-11 所示，从共享能力得分前三十名的园区来看，长三角地区、北京中关村和粤港澳地区国家高新区创新资源加速聚集，创新主体加速发育，"双创"平台建设加速扩张，创业企业加速生长，创业投资规模持续扩大。同时，近十年设立的国家高新技术产业开发区正表现出后发高新区后起直追和创新能力快速提升的态势，改革开放初期成立的高新技术产业开发区也在积极实现园区智能化和智慧化转型，积极探索适应新技术革命背景下产业组织模式变化对产业园区功能提出的新要求，这说明国家高新区中的二线三线高新区的后发优势正开始展现，也强烈表现出目前我国实施的创新驱动发展战略正从个别一线城市的局部示范引领层面广泛扩展到全国范围的"全面创新"辐射带动层面。

总体上讲，2012—2018 年间，我国重点国家级园区共享能力指数呈现上升趋势，但总体水平不高；地处东部地区的国家级园区共享能力指数平均值最高，而地处中、西部地区的国家级产业园区共享能力指数增速最大，且部分园区实现跃升明显，如武汉和长株潭地区产业园区；但是，部分园区的技术创新效率呈现出明显波动性，部分园区的技术适应性较差，没有实现技术应用和原有产业基础的融合；共享能力对技术创新效率具有较强促进效应，但是促进效应具有显著的地域差异性，在西部地区国家级园区共享能力对技术创新效率具有更强促进作用，新技术应用于新型高新技术产业项目的落地能够明显带动西部地区高新技术产业园区发展质量的提升。这与省级层面评估共

享能力对区域创新效率影响的相关研究结果是相似的。[8-10]

表 3-17　重点国家级园区高质量发展共享能力指数评价得分情况排名

园区	CS2012	CS2013	CS2014	CS2015	CS2016	CS2017	CS2018
北京中关村	17	16	7	7	8	9	8
天津滨海	19	19	29	29	24	20	22
石家庄	92	93	94	90	86	82	85
保定	87	87	79	78	73	81	81
唐山	85	84	75	75	65	73	68
燕郊	89	89	84	87	83	76	87
承德	68	62	83	83	76	74	82
太原	96	96	99	98	98	98	96
包头	83	88	100	99	102	104	103
沈阳	58	64	71	69	77	80	92
大连	60	63	70	52	78	78	74
鞍山	44	45	50	46	53	54	49
营口	65	69	77	77	80	84	84
辽阳	28	41	47	53	75	66	59
本溪	42	31	37	48	45	34	41
长春	33	32	33	33	34	36	43
吉林	38	48	44	30	32	33	37
延吉	2	2	2	6	7	2	1
长春净月	80	75	69	80	70	72	71
哈尔滨	36	38	61	51	67	71	69
大庆	45	44	63	58	66	65	36
齐齐哈尔	54	60	76	73	74	41	63
上海张江	18	18	10	13	12	11	11
上海紫竹	16	14	8	8	11	8	7
南京	5	11	13	11	18	22	24

续表

园区	CS2012	CS2013	CS2014	CS2015	CS2016	CS2017	CS2018
常州	7	12	17	16	26	28	28
无锡	8	13	14	14	23	25	25
苏州	9	15	20	20	28	29	30
泰州	3	3	6	10	21	23	23
昆山	11	9	15	18	27	26	27
江阴	13	5	12	19	29	30	29
武进	6	8	16	17	20	21	21
徐州	4	10	9	9	14	24	26
杭州	10	4	4	4	4	5	5
宁波	15	17	11	12	2	6	3
绍兴	12	7	5	3	6	7	6
温州	14	6	3	5	5	3	4
合肥	24	29	31	31	39	42	42
蚌埠	56	42	38	36	51	56	47
芜湖	69	68	58	49	61	64	66
马鞍山	72	71	59	61	79	75	75
福州	50	52	42	47	33	35	33
厦门	43	37	35	38	30	31	31
泉州	39	46	36	39	31	32	32
莆田	88	65	55	62	35	38	34
南昌	71	77	57	64	55	60	58
景德镇	94	94	92	91	82	86	91
新余	98	99	98	96	90	91	90
鹰潭	99	95	95	93	87	87	86
济南	37	33	32	35	38	44	46
青岛	41	40	43	44	44	46	48
淄博	34	34	34	34	36	39	35
潍坊	32	35	40	37	41	51	52
威海	48	43	45	42	46	48	45
济宁	52	57	56	59	57	55	54
烟台	46	47	48	45	47	47	44
临沂	57	55	53	56	52	62	61
泰安	47	49	52	50	49	49	55

续表

园区	CS2012	CS2013	CS2014	CS2015	CS2016	CS2017	CS2018
郑州	66	72	90	97	94	92	93
洛阳	59	59	60	66	63	88	80
南阳	73	76	81	85	88	89	88
安阳	77	79	49	57	59	53	51
新乡	61	85	96	92	92	93	89
武汉	70	67	74	72	68	67	67
襄樊	76	66	66	68	60	61	60
宜昌	86	81	80	79	72	69	64
孝感	82	80	62	63	56	57	56
长沙	78	86	82	82	69	68	72
株洲	79	82	73	71	71	70	73
湘潭	91	92	93	94	91	85	79
益阳	93	91	91	89	84	77	77
衡阳	90	90	85	86	85	79	78
广州	26	26	25	24	17	16	12
深圳	21	21	21	21	10	12	16
珠海	23	20	18	15	9	10	10
惠州	25	23	23	25	13	18	17
中山	29	27	26	26	19	15	18
佛山	27	25	22	23	16	14	14
肇庆	30	28	27	28	25	19	15
江门	22	24	24	22	15	13	13
东莞	31	30	28	27	22	17	20
南宁	75	83	97	95	97	97	97
桂林	74	74	89	88	96	94	94
柳州	67	73	87	84	93	95	95
海南	49	39	51	54	89	90	83
重庆	40	36	39	41	42	37	38
成都	55	58	68	74	62	59	65
绵阳	62	61	64	65	64	63	70
自贡	51	53	65	60	50	52	53
乐山	63	56	78	81	58	58	62
贵阳	97	98	67	67	95	96	102

续表

园区	CS2012	CS2013	CS2014	CS2015	CS2016	CS2017	CS2018
昆明	95	97	101	101	103	102	105
玉溪	1	1	1	1	1	1	2
西安	53	51	41	43	40	40	39
宝鸡	64	54	46	40	43	43	40
杨凌	84	78	72	70	54	50	50
渭南	81	70	54	55	48	45	57
咸阳	20	22	19	2	3	4	9
榆林	35	50	30	32	37	27	19
兰州	101	100	86	76	81	83	76
白银	103	102	103	102	99	99	98
青海	100	101	105	104	104	105	101
宁夏	104	104	102	100	101	101	99
乌鲁木齐	105	105	88	105	105	103	104
昌吉	102	103	104	103	100	100	100

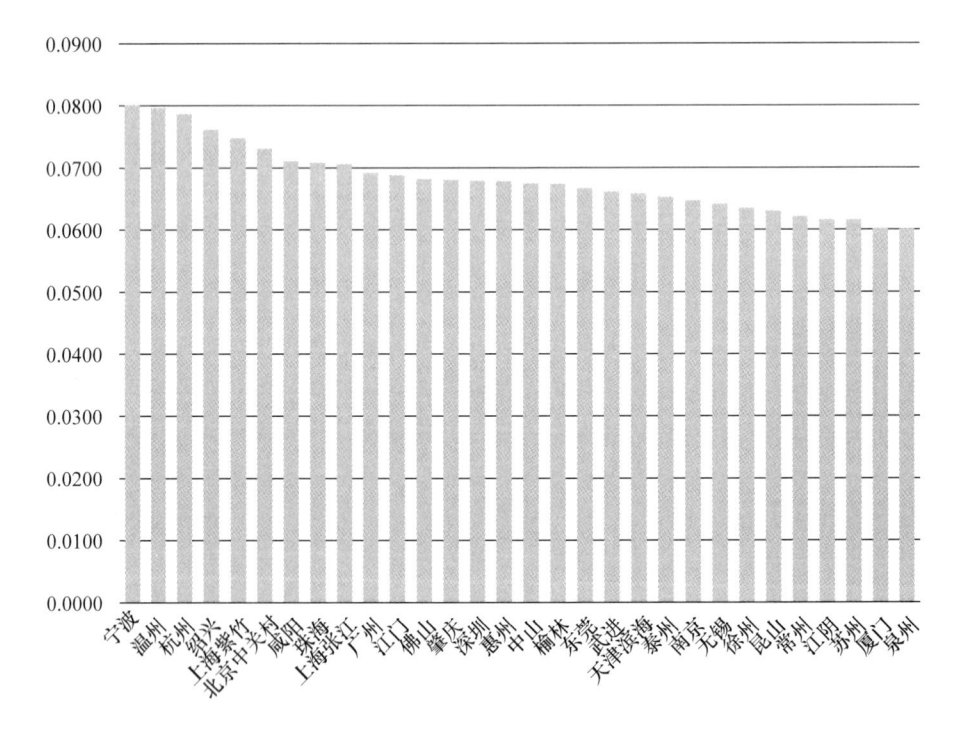

图 3-12 2018 年重点园区高质量发展共享能力指数得分前三十名园区情况

图 3-13　2012—2018 年重点园区高质量发展共享能力评价指标综合得分情况

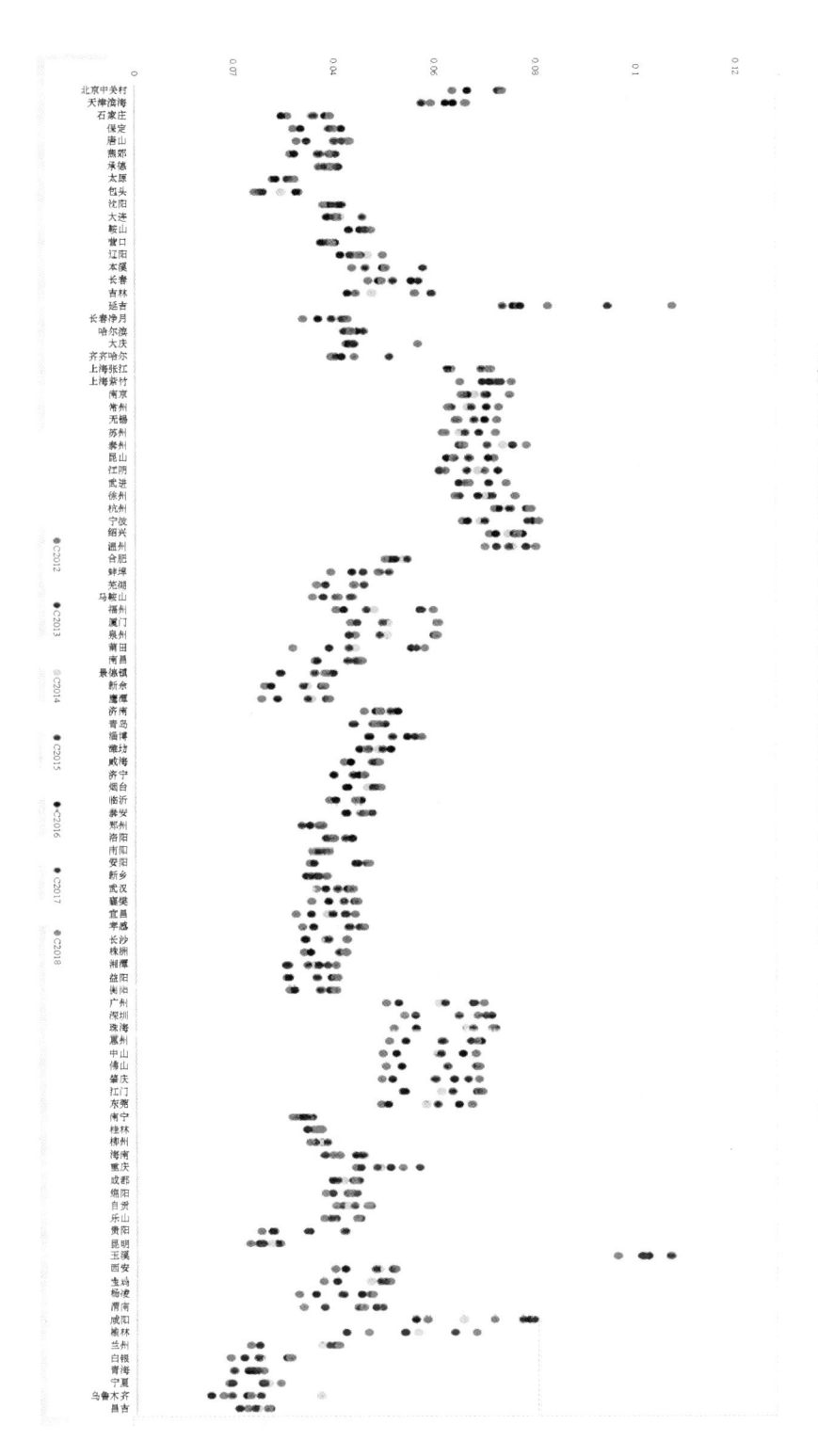

三　主要评价结论

概括起来，长三角地区、粤港澳大湾区和环渤海地区高新技术产业园区的发展质量较好，中西部地区的特大城市周围产业园区的发展虽上升较为缓慢，但典型产业园区发展较为稳定，如地处长江中游城市群产业园区和关中城市群产业园区。但是，东南沿海地区和中西部地区的一些城市，如海口、西宁、南宁、宝鸡、包头、乌鲁木齐等市的产业园区一直没有较好的进一步发展。总体来说，一是我国产业园区的发展是地区经济发展的重要动力引擎；二是产业园区是推动经济增长方式转变，实现高质量发展的重要推进器；三是产业园区是我国区域创新能力转化为生产力的重要催化剂与平台；四是产业园区建设将是实现我国国土空间开发突破"胡焕庸线"的重要措施。

（一）我国产业园区的发展是地区经济发展的重要动力引擎

在我国各区域的各类型产业园区内，都不同程度地吸引集聚了一批从事电子信息、通信设备、汽车零部件、电力装备、通用航空、新能源汽车、生物医药、精细化工、环保设备、新材料、新型建材等为主营业务的高新技术企业，伴随这些企业入驻园区，同时带来了大量的高科技人才、高技术研发机构，科技服务孵化等创新要素资源的集聚，所以在一区域内的高新技术产业园区必将成为该地区制造业产值、利税、利用外资、对外开放、科技研发等一系列经济发展动能的集聚高地，也是一个区域经济活力和发展潜力最具有优势的片区，部分城市的发育和成长很大程度上是由本区域内的产业园区带动的。伴随着改革开放以来40多年的发展，我国产业园区的各项指标都处于所在区域的前列，各项经济指标在该区域或城市占有较大比重，且伴随近年来产业园区发展模式的创新，"飞地园区""一区多园"等模式迅速推广，产业园区对城市经济发展和能级提升的作用愈加不可替代，以北京中关村高新技术产业园区为例，中关村园区在北京内实现了"一区十六园"的布局结构，每个区县都有中关村产业园区设置，使得高新技术开发区的一系列"先行先试"产业政策、税收优惠政策和人才创新政策能够覆盖到全市符合高新技术产业要求的企业，充分带动了首都地区产业发展和边缘区域经济的协同发展。总体上看，我国的产业园区发展已经逐步构建起以龙头企业为主体、以市场为导向、产学研相结合的技术创新体系，并在逐步推动区域经济发展由要素驱动向创新驱动转变，成为区域经济发展不可或缺的产业发展载体和经济增长新引擎与新动能，对区域经济产业结构优化升级，加速迈入经济高质量发展阶段起着至关重要的作用。

（二）产业园区是推动经济增长方式转变，实现高质量发展的重要推进器

从研究结果来看，我国国家级产业园区分布最为密集的地区是环渤海、长三角和粤港澳和长江中下游四个地区，产业园区在我国长江中下游和东南海岸带形成了密集"T"形轴带，这一地区也是我国国土空间开发的重要支撑轴带，是我国经济基础最为雄厚、对外开放最早、经济最活跃、市场经济环境最为完善发达的地区。这一地区的产业园区发展推动了该地区率先对外开放，通过承接制造业项目，实现产业升级的地区，经过改革开放40多年的积累，产业园区不断推动我国产业转型升级，吸引承接的产业项目从初始的、单纯的资源要素和劳动力密集型产业不断向技术和资本密集型高新技术产业升级，从粗放型向集约型发展，从完全出口导向型向兼顾内需型发展；与此同时，产业园区也不断地适应技术革命和产业发展的需求，通过培养创新生态环境完善提升产业园区功能，由单纯的生产加工区向研发、生产、服务的综合型、智慧型产业园区发展，通过数字技术和信息技术应用,改造提升产业园区与新型生产组织模式相适应,通过培育创新生态与创新载体,实现园区的创新功能,由单纯的制造业承载区向制造业和现代服务业融合平台和承载区域转型,带动产业园区和所在周边城市形成产城融合发展模式,通过完善服务功能,带动就业,凝聚人气,促进城镇化与区域协调发展,产业园区从单纯的产业飞地,逐步建成了与周边经济建设阶段相适应的服务体系。随着我国进入老龄化社会,传统人口红利将逐渐消失,人力资源成本将逐渐提高,产业园区的这一系列转变无疑对于我国跨越中等收入陷阱具有重要意义,通过提升产业园区能级从而实现推动我国经济增长方式转变,实现经济社会的高质量发展。从部分研究发现,我国的第三产业园区正在兴起,以文化产业园区为例,我国现阶段省际文化产业园区基本形成了三个梯队的空间格局,并呈现出东强西弱的发展特征。[11]另外,我国电子商务园区商业模式在政治、经济、社会和科技环境的共同作用下,在以政府为代表的社会组织的支持下已经取得了较大的发展与进步。[12]

(三)产业园区是我国区域创新能力转化为生产力的重要催化剂与平台

高新技术产业污染的特殊性与隐蔽性,使高新技术产业园区通过建立环境管理机制和生态化的产业群落及网络逐步向生态工业园过渡成为必然趋势。[13]研究发现,在促进区域经济发展和推动开放方面,我国产业园区的发展,尤其是我国最早在东部沿海地区和省会城市为改革开放设置的第一批国家级产业园区,其所在的区位环境是我国最好的,以北京中关村和上海高新区为例,两地的园区处于我国的超一线城市,在当时的国内发展环境下,集聚了全国的制造业发展要素,产业工人、大学研发机构、交通基础设施、政策环境在全国占绝对的优势地位，这些产业园区的设置也充分利用、发挥了当地和周边的创新和人才资源，园区发展坚持高起点、高技术、高效益的原则，立足发展高新技术产业，成功通过我国设置第一批产业园区最大限度地实现了通过产业园区探索改革开放，实现我国经济发展的目的。在优化提升产业结构方面，我国高新技术产业开发区和经济技术开发区通过吸引外资，引进先进技术和管理模式，充分带动了本土企业的发展速度和发展质量的提升，结合本地市场需求，实现经济效益的同时，也帮助企业充分消化国外技术与管理经验，为充分实现本土化发展奠定了基础。中国汽车产业的崛起与发展正是验证了这一过程，从德国大众进入中国在长春、上海设置生产基地以来的三十多年来，伴随我国经济社会发展，德国技术和管理经验为我国的汽车产业蓬勃发展奠定了基础；在人力资源利用和提升方面，我国产业园区的设置和发展为高新技术顺利转化落地提供了良好的环境和载体，通过依托产业园区建立科技企业孵化器，提供完善的场地空间、研发中试、中介咨询、融资贷款等服务保障支持，吸引大批科技人才和研发团队入驻，实现在高新区内创业落地。我国产业园区的设置与发展很大程度上推动我国区域的创新能力转化为现实生产力，成为我国推进创新高质量发展的重要催化剂与功能平台。

（四）产业园区建设将是实现我国国土空间开发突破"胡焕庸线"的重要措施

当前新一轮科技革命和产业变革正在全球范围兴起，颠覆性创新不断涌现，不断催生新产品、新模式、新业态、新产业。在传统产业领域，西部地区由于与东部地区差距较大，实现赶超的难度很大，但是在前沿技术产业，各个国家、各个地区的起点大致相同，因此成为后发国家和地区实现换道超车的历史机遇。西部地区化石能源和水光风电资源丰富，用地成本低，可以就近布局建设作为重要新型基础设施的云计算、大数据中心，既可以通过"东数西算"为东部提供低成本算力服务，也为本地前沿技术产业的发展奠定了良好基础设施条件，同时，支持西部地区传统制造业通过技术改造向中高端迈进，促进信息技术与西部地区传统优势制造业结合。应依托兰州、银川、呼和浩特、西宁、乌鲁木齐等中心城市，积极适应新一轮产业变革趋势，加快实施"中国制造2025"战略，通过优化园区功能、强化产业链条、加大对前沿技术产业研发、工程化和产业化的支持，面向本地及周边国家市场应用场景进行市场支持，打造西部地区"逆比较优势"的产业链与产业园区（开发区）集群，在中心城市打响各自的新产业、新动能的产业园区"名片"。

西部地区应依托资源、区位、本地市场与现有产业基础优势，以龙头企业、完整产业链为重点，采取优惠措施吸引东部地区出口导向型、区域布局型产业优先向西部地区转移，加快形成与本地资源要素相结合的现代化制造业产业链，构建起若干具有国际影响的制造业产业集群。需要注意的是，西部地区产业园区承接东部产业转移不是承接落后产能，而是要承接适合西部地区发展条件的高质量产业，并在产业由东部向西部转移过程中进一步提高所承接产能的技术水平和环境友好程度。

加强新型基础设施建设，推进西部地区产业园区升级。新型基础设施建设不仅是刺激经济增长的短期反周期策略，而且是打好新兴产业发展基础的面向未来的长远战略。国家应在西部大开发战略中，围绕西部地区的资源优势，重点建设一批超算、云计算、云存储中心，同时支持西部地区5G、工业互联网、人工智能等新型基础设施建设，使西部地区人口、产业集聚重点地区的新型基础设施建设水平与东部地区同步。支持重点油田、矿山、工厂自建5G专网，推动工业互联网发展，鼓励油田、矿山与无人驾驶公司合作进行无人驾驶车辆商业化使用。

积极推动用新一代信息技术改造升级铁路公路、物流仓储、口岸通关、农田水利等基础设施，打造一批高品质、生态型、智慧化示范园区，提高产业的承载能力。在提升兰州自创区建设水平基础上，进一步加快在西部具备条件的地区创建国家自主创新示范区、科技成果转移转化示范区等创新载体，进一步提升西部地区科创水平，为新兴产业孵化和承接落地提供科技支撑。

参考文献

[1] 崔晓露：《我国高新技术产业园区创新绩效评价研究》，《财经问题研究》2013年第8期。

[2] 刘程军、周建平、储锦超、杨增境：《吸收能力、知识溢出对企业创新绩效的影响机理研究——来自高新技术园区的实证》，《技术与创新管理》2019年第40（04）期。

[3] 姜照君、吴志斌：《网络联结强度、知识吸收能力与文化企业创新绩效——基于江苏省国家级广告产业园的实证分析》，《福建论坛》（人文社会科学版）2018年第8期。

[4] 李想：《京津冀地区高技术产业知识溢出及其对技术创新的影响——基于创新协同视角的研究》，《未来与发展》2018年第42（05）期。

[5] 刘超、薛鹏桯、李若愚：《国家产业园区竞争力强化方案研究——以惠州产业园区为例》，《商场现代化》2019年第16期。

[6] Zongguo Wen, Yun Hu, Jason Chi Kin Lee, Enhua Luo, Huifang Li, Sihua Ke. "Approaches and Policies for Promoting Industrial Park Recycling Transformation (IPRT) in China: Practices and Lessons", *Journal of Cleaner Production*, 2018, 172.

[7] 张新明：《国家级高新技术产业开发区发展要素分析及

上海张江高新区实证研究》，华东师范大学，博士学位论文，2013年。

[8] 邱海洋：《共享能力对区域创新效率影响的实证检验》，《统计与决策》2019年第35（04）期。

[9] 邱海洋：《共享经济发展对区域生态效率影响的空间计量分析》，《现代经济探讨》2018年第7期。

[10] 王军、李萍：《新常态下中国经济增长动力新解——基于"创新、协调、绿色、开放、共享"的测算与对比》，《经济与管理研究》2017年第38（07）期。

[11] 冯根尧：《我国文化产业园区竞争力评价与省际差异研究——基于31个省市的实证分析》，《中国科技论坛》2014年第1期。

[12] 陈火全：《我国电子商务园区商业模式评价研究——基于模糊综合评价法》，《牡丹江大学学报》2018年第27（12）期。

[13] 张诗超：《中国高新技术产业园区生态化改造评价研究》，《科技进步与对策》2015年第32（18）期。

[14] 李涛、武增海、赵江洪：《中国高新技术开发区的发展分析》，《统计与信息论坛》2014年第29（07）期。

[15] 李媛媛、冯邦彦、罗超云：《中国高新技术开发区发展现状分析与综合评价》，《工业技术经济》2013年第6期。

[16] 吴煜、刘荣增：《中国高新技术产业开发区发展动态评价》，《城市规划汇刊》2003年第1期。

[17] 刘荣增：《我国高新技术产业开发区发展态势评价》，《科技进步与对策》2002年第11期。

[18] 吴煜、王兴平、刘荣增：《关于高新技术产业开发区发展方向的再审视》，《城市问题》2002年第6期。

[19] 陈宪：《论产业跨界融合对服务经济的影响》，《科学发展》2010年第7期。

[20] 周丽莎：《中国园区绿色发展的内涵与对策研究》，《2013·学术前沿论丛——中国梦：教育变革与人的素质提升》（下），北京市社会科学界联合会，2013 年。

[21] 董淑太：《区域人才集聚对科技创新效率的影响研究》，西南大学，博士论文，2019 年。

第四章　京津冀地区产业园区经济发展现状及比较

崔志新

产业园区是落实京津冀协同发展战略的重要载体、承接产业转移的主平台。目前，京津冀地区共有 21 个国家级开发区、10 个综合保税区、211 个省市级开发区。[1]借助京津冀协同发展战略深入实施的机会，充分发挥经济技术开发区、高新技术产业开发区、特色产业园区等推动区域经济持续向好的有力支撑作用，优化了京津冀产业空间布局，也推动了津冀两地产业转型升级和园区质量提升。

一　京津冀地区产业园区总体情况

京津冀地区三地产业园区积极布局新兴产业，加快传统产业转型升级，培育特色产业集群发展，不断完善园区产业创新生态，依托新兴产业提高产业园区发展质量，推进园区产业发展向提质增效转变。

（一）产业园区发展质量稳步提升

高新区是推动京津冀地区产业园区高质量发展的创新主力。中关村科技园在京津冀地区乃至全国的国家级高新区中占有较大的比重，也是推进京津冀地区产业园区高质量发展的重要力量。根据统计数据显示，截至2018年，京津冀国家级高新区数量为7个，工商注册企业数达到55.2万个，约占全国的23.8%。而中关村科技园工商注册企业数为48.3万个，分别约占京津冀、全国的国家级高新区的87.5%和20.8%；园区科技活动人员达到79万人，约占京津冀国家级高新区的87%；园区营业收入、工业总产值分别约占京津冀国家级高新区的86.9%和70.0%。

开发区是推动京津冀产业园区高质量发展的重要载体。京津冀三地产业园区大力推进产业结构调整、工业企业改造升级，促使三地京津冀产业不断融合，园区质量稳步提升，尤其是三地的两类国家级产业园区①质量不断提升，尤其是京津两地园区的发展水平也位居全国前列。目前，京津冀拥有两类国家级产业园区20个，占全国的5%，从2019年国家级经济技术开发区综合发展水平考核评价结果看，京津冀有3个国家级经济技术开发区位列前30名，其中，天津经济技术开发区、北京经济技术开发区分别位列名单的第3位和第4位，北辰经济技术开发区位列第23位。此外，秦皇岛经济技术开发区、廊坊经济技术开发区分别位列第37位、第39位。

根据统计数据显示，2019年，天津经济技术开发区地区生产总值同比增长9.7%，其中第二产业增长10.3%；对天津市GDP的贡献超过1/6；规模以上工业总产值完成5128.3亿元，同比增长8.3%，其中，高新技术企业增长22.0%，高技术制造业增长5.0%；财政收入687.3亿元，同比增长12.9%；新区口径一般公共预算收入159.97亿元，同比增长2.8%；新增各类市场主体7823家，新签约重大项目142个，合计投资总额750亿元，投资过亿元的项目超过40个。2019年，北京经济技

---

① 两类国家级产业园区主要包括国家级经济技术开发区和国家级高新区。

术开发区地区生产总值1932.8亿元，同比增长8.9%；规模以上工业总产值完成4183亿元，同比增长9%；税收收入完成604.6亿元（全年减税降费超过90亿元），同比增长1.5%；一般公共预算收入完成270亿元，同比增长5%；规模以上高新企业研发投入135亿元，同比增长8.2%；全社会消费品零售额完成419.7亿元，同比增长4.8%；新增国家高新技术企业142家，总数突破1100家。[2]

从实际使用外资情况看，京津冀地区21个国家级经济技术开发区吸收外资约占京津冀地区实际使用外资的1/3。其中，2019年天津经济技术开发区实际使用外资（含外商投资企业再投资）规模较大且保持正增长，在国家级经济技术开发区吸收利用外资排名中位居第7位。统计数据显示，2019年，天津经济技术开发区实际利用外资11.8亿美元，同比增长5.1%；合同外资金额61.8亿美元，同比增长22.2%；新注册外资资本18.3亿美元[3]；电子信息制造业和服务业共吸引外商投资企业456家。[4]

（二）园区新旧动能转换全面提速

京津冀以智能制造为突破口，搭建创新创业平台，组建京津冀创新创业项目资源库，并通过项目推介会、对接交流会等活动，促进创新成果在京津冀产业园区转化，培育新动能和特色产业集群，推进新一代信息技术和制造业深度融合，促进园区新旧动能转换、传统制造业提质增效。例如，2018年以来北京市经济技术开发区新设企业4000余家，其中科技型企业占比一半以上。同时，高新技术产业开发区高质量发展需要聚集所需的人才、技术、资本等高端要素，推动河北原有低端低效产业实现产业结构改善，如，石家庄高新技术产业开发区在抓住京津产业转移的机会，推动原有制造业产业逐渐聚焦向生物经济、智能经济等新兴产业转变。

投资结构持续优化，投资驱动新旧动能转化不断加快。天津经济技术开发区高技术产业投资、工业技改投资分别增长 1.1 倍和 1.9 倍，高技术企业增加值增速达到 20.7%。河北衡水高新区总投资 84 亿元的重点项目开工建设，旨在打造科技资源集聚中心。石家庄经济技术开发区内的北国高科技物流产业园开工建设，建成后将会促进原有商贸物流产业转型升级。

组建创新联盟、筹集设立专项资金，多维度支持企业创新发展。京津冀三地 30 余所大学组建一批创新联盟，推动科技成果线上交易。天津滨海—中关村科技园组织成立了京津冀产业发展联盟，成员单位已达到 50 家。京津冀开发区创新发展联盟与上海临港集团、中航天宇集团、北京经开区共建"京津冀长三角通航产业联盟"，设立"京津冀开发区产业发展基金"。北京经济技术开发区设立人才发展专项资金，并进一步调整了科技创新基金规模，将原来每年筹集 2 亿元资金扩容到 5 亿元，用于园区创新创业人才引进和培养。沧州临港经济技术开发区设立总额度 5 亿元的天使基金和产业引导基金，用于支持科技型企业和战略新兴产业发展。

推进园区与科研院所、高等院校等研究机构和团队合作，助力园区新旧动能转换。例如，天津经济技术开发区与中国电子信息产业发展研究院签署投资合作协议，推进智能制造产业园区建设。衡水高新区建设"衡水科技谷"以对接中科院等科研院所，构建成果转移转化体系，中科衡水成果转化中心发布最新科技成果 100 项，已成功转化 24 项。沧州临港经济技术开发区与南开大学合作共建的绿色化工研究院，与京津冀 30 余家高校和科研机构建立联系，促进科技创新合作和成果转化。廊坊依托地缘优势，积极与京津园区对接，充分利用京津科技和人才资源，加快特色产业集群发展，如 90% 的科技型企业与京津高校和科研院所建立合作关系，每年引进科技项目和成果 500 多项，力促电子信息、现代装备制造等新兴产业加快发展。

(三)产业园区绿色化发展不断加强

绿色发展是京津冀产业园区推动高能耗产业改造升级的有效路径,贯彻资源节约、环境友好理念,加强园区制造业的绿色创新,通过鼓励利用清洁能源优化园区能源结构,推进绿色能源智慧园区建设,在钢铁、冶金等园区推行第三方治理,推进高能耗产业持续升级,促进单位GDP能耗不断下降、园区绿色发展绩效稳步提升。

北京疏解退出低效、高能耗产业,2014—2019年,北京推动退出一般制造业企业2759家,率先在北京经济技术开发区开展绿色低碳循环园区试点建设,启动了《北京经济技术开发区绿色低碳循环发展行动计划》,积极推动跨区域碳排放权交易试点建设,成功入选国家绿色园区。绿色建筑发展国内领先,率先创建全国工业绿建集中示范区,新建工业项目全部实现工业绿色建筑二星标准以上。持续推进北京经济技术开发区高能耗产业升级,单位GDP能耗不断下降,成功入选"无废城市"试点,成为国家级经济开发区唯一代表。2019年,北京经济技术开发区万元GDP能耗0.14吨标准煤,同比下降7.1%;万元GDP水耗4立方米,全市最低;截至目前PM2.5累计平均浓度44微克/立方米,同比下降17%。[5]

天津产业园区积极探索创新能源利用模式优化能源结构。例如,天津经济技术开发区持续优化园区能源结构,成立泰达低碳促进中心促进低碳经济信息交流、活动对接,开展公共建筑能耗在线监控系统,以节能项目为依托,深入开展园区工业企业节能工作,并对节能项目提供补贴,促使其在绿色低碳循环发展方面处于全国领先水平,成为"国家循环经济试点园区""国家生态工业示范园区",单位产值能耗水耗、主要污染物排放等节能环保指标仅相当于全国平均水平的1/7左右。天津北辰科技园区总公司与国网(天津)综合能源公司和国网天津市电力公司城东供电分公司签署绿色能源智慧园区战略合作协议,打造绿色能源智慧园区。

河北产业园区强化工业节能诊断服务,设立省级绿色系统集成专项,创建绿色工厂、绿色园区,培育绿色经济新增长点,目前已有5个产业园区入选"国家绿色园区"。例如,河北安国现代中药工业园区入选国家工信部公布的第一批绿色制造示范园区,严格实行入园项目预审制,重点发展中药和健康食品等绿色产业,创造"绿色GDP"。衡水高新区是全国首批环境污染第三方治理试点园区,构建"三级诊疗体系"和"三专治理"模式,搭建区级智慧环保监管平台,引进专业化公司建设生态循环产业园。沧州渤海新区临港经济技术开发区实施"工业绿动力"计划,加强能源利用绿色化和绿色基础设施建设,大力推进循环经济模式,引育绿色高新技术产业。承德大力推进绿色产业项目实施,促使绿色产业增加值占GDP比重提高5个百分点。

(四)大力优化营商环境

京津冀三地积极推动区域创新政策交叉覆盖,开展跨区域联合监管,加强跨园区企业一体化服务,如,以北京经济技术开发区亦城国际中心的京津冀开发区创新服务大厦为空间载体和"京津冀产业创新引领公共服务平台""互联京津冀"在线平台共同推进线上+线下服务新模式,打破京津冀跨园区企业的地域限制,持续改善跨区域营商环境。沧州临港经济技术开发区实施药品生产异地延伸监管,完善"企业在河北、监管属北京"的跨区域管理体制,促进转移至沧州园区的北京企业更好落地。

优化企业办事流程,大幅压缩办理时间。北京经济技术开发区探索设立企业投资项目承诺制,将企业开工前期手续由300多天缩至100天以内,建立"准入—审批—管理—执法"链条式管理机制，成为全国首个同时归集前端审批和后端执法职能的国家级经济技术开发区，利用"一网通办"系统实现全部事项100%网上办理，平均每件审批事项实际办结时间缩短4.7天。中关村科技园区将企业开办必备环节减至1个、开办时间缩至1天，通过"AI+人工"客服新模式提供"7×24小时"多元化服务。天津港保税区深化"减事项""减材料""减环节""减时限"改革，平均审批提速35.2%。天津经济技术开发区制定了《天津经济技术开发区关于营造企业家创业发展良好环境落实方案》，成立了行政审批局，项目审批办理时限缩至1天，企业办事的平均网办率、平均一次办结率均超过70%。天津自贸试验区完成122项"深改方案"，有27项创新成果在全国复制推广。唐山高新技术开发区将政策性审批由6个环节缩减至2个，所有审批事项办结时限平均缩短30%以上。廊坊经济技术开发区企业开办时间缩至1个工作日，项目从立项到竣工验收减至50个工作日以内。

积极搭建对接交流平台，推进主体交互合作。例如，北京经济技术开发区建立"亦庄创新发布机制"，定期为企业发布融资、人才等创新需求清单。天津经济技术开发区以银企双方20分钟"约会"的形式，组织银政企对接会，活动中有50家企业签署投资合作协议，投资规模在10亿元以上的企业达到13家。廊坊开发区不断完善政企面对面、政银企对接、产学研用对接、服务专员帮扶、政企直通网络服务平台五大机制，并聘请第三方对所有窗口单位开展满意度评价，倒逼窗口单位提升服务水平。

二 京津冀地区产业园区主导产业发展现状

做强主导产业是打造京津冀产业丛林的根基，围绕京津冀产业园区主导产业逐渐发展相关配套产业，形成较为完善的产业链条，可以更好地发挥京津冀区域产业集聚优势，带动京津冀产业园区整体实力提升。京津冀协同发展规划依据区域整体协同和三地各自特色发展的思路，明确三地的功能定位[6]，且围绕功能定位，三地积极布局优势产业，进一步完善相关产业链条，推进区域整体产业联动发展。其中，京津冀三地产业发展主要着力点分别为北京充分发挥创新优势发展"高精尖"产业，天津发挥港口区位优势和良好制造业基础发展先进制造业，河北依托腹地优势发展高技术制造业、夯实制造业基础。当前，京津冀三地高新技术产业园区的产业特色逐渐显现，如中关村科技园区的人工智能、石家庄高新技术产业开发区的生物医药等。其中，京津冀两类国家级产业园区及主导产业详见表4-1。

（一）大力推进北京园区产业高端化发展

京津冀协同发展战略实施以来，北京通过推动低质、低效产业退出，加快一般制造业企业疏解，为引入高端要素发展高端制造业提供发展空间，有效推动高精尖项目落地建设。截至2018年，北京市级及以上的开发区数量19个，总收入达到7.37万亿元，工业总产值为1.41万亿元。其中，中关村科技园区和北京经济技术开发区在推进北京产业高端化发展及京津冀园区产业合作中发挥着重要作用。中关村科技园的区域创新优势和科技创新人才集聚优势明显，成为带动京津冀区域产业结构调整和园区发展方式转变的强大引擎。2019年，中关村示范区高新技术企业总收入6.5万亿元，其中技术收入1.3万亿元，增长16.9%。园区科技推广和应用服务业、软件和信息技术服务业和专业技术服务业等科技服务企业总数超过1.5万个。[7] 截至2019年11月底，中关村示范区企业拥有有效发明专利11.8万件，占北京市企业同期有效发明专利量的64.9%。[8]

北京经济技术开发区作为北京建设全国科技创新中心主平台"三城一区"中的一区，承担的首要任务是建设具有全球影响力的科技成果转化承载区。北京市人民政府印发的《关于加快推进北京经济技术开发区和亦庄新城高质量发展的实施意见》，明确高精尖产业发展、技术创新和成果转化、扩大开放、要素保障、产城融合、体制机制创新6个方面的20项重点任务，加速瓦里安研发中心、阿斯利康北方总部等外资项目落地，推进开放型、创新型产业集群加快形成。开发区积极推进"高精尖"项目落地，其中，2019年有30个项目签约落户北京新能源高端汽车产业园，进一步夯实了新能源汽车与智能网联汽车产业在全国产业龙头地位；推进5G产业快速布局，完善新一代信息技术产业链，神州数码、华为、龙芯、飞腾等30家信创领域优势企业入驻国家网络安全产业园经开区信创园，加快了"新基建"产业集群发展；围绕小分子原创药、生物制品、现代中药、新型疫苗、高端医疗器械等领域，进一步完善医药创新体系，为打造千亿级生物医药产业集群夯实基础。目前，开发区产业基础相对较好，拥有汽车及交通设备、电子信息、装备制造及生物工程和医药四大主导产业，且形成了智能制造装备、高端能源装备和节能环保装备的"一核双翼"产业发展格局。2019年，开发区规模以上高技术产业、现代制造业总产值分别为1471.0亿元、3387.6亿元，比上年分别增长5.7%、9.5%；规模以上四大主导产业工业总产值3876.6亿元，增长9.3%。

（二）稳步推进天津园区先进制造业基地建设

重点依托天津产业园区，围绕新经济、高新技术、智能制造等主导产业提升产业链条完整度，提升完善配套产业，积极将天津打造成京津冀世界级先进制造业基地，产业分工定位介于京冀两地之间，将以优化发展高端装备、电子信息等先进制造业为主。天津滨海高新区孕育了云账户、紫光云总部等一批战略性新兴产业项目，加速了高端项目集聚，产业优势不断凸显，初步形成新一代信息技术产业、新能源汽车、高端装备制造、生物医药等主导产业，以及化工新材料、宝坻动力电池材料特色集群。

天津经济技术开发区采用"一区多园"发展格局，积极推进电子、汽车、装备制造、石油化工和医疗健康等先进制造业发展，将南港工业区建成世界一流、绿色环保、循环发展的高端化、标准化、智能化、国际化的化工新材料基地。开发区全力推进汽车产业链有效对接，打造天津汽车产业的生产制造基地，形成了以5家整车企业为龙头，200多家上下游企业聚集发展的完整产业链条。[9] 其中，生物医药产业集群、高新区网络信息安全产品和服务产业集群获批国家第一批战略性新兴产业集群。电子信息产业是天津开发区规模最大的支柱产业，围绕三星、诺基亚、西门子、摩托罗拉、富士康、伟创力等龙头企业，形成了实力雄厚的电子信息制造产业群和完整产业链。统计数据显示，2019年，天津经济技术开发区电子信息、汽车制造、医药健康、装备制造等重点行业产值分别增长0.9%、18.2%、11.7%、15.3%。武清开发区形成了智能科技、生物医药和现代服务业三大主导产业集群，其中，以铁科院、诺禾致源等龙头企业为代表的高端装备制造和生物医药产业集群聚集优势逐步显现。东丽经济开发区初步形成汽车零部件产业群和IT部件产业群，与周边的空港加工区、滨海高新区、现代冶金制造区等产业互补、相互辐射带动。

（三）加快河北园区发展高技术制造业

2018年版《中国开发区审核公告目录》中，河北省级及以上开发区有153个，其中，石家庄有20个开发区，以石家庄高新技术产业开发区和经济技术开发区为主，形成装备制造、生物医药、电子信息、食品等主导产业，同时充分发挥石家庄综合保税区海关特殊监管区的优势，大力发展高端制造、物流和国际贸易等主导产业。截至2019年年底，石家庄高新技术产业开发区拥有各类企业1.9万家,高新技术企业793家,科技型中小企业3140家。生物医药企业、先进装备制造企业和电子信息企业产值占总产值比重高达91.05%。其中,园区内生物医药产业基地建设成效显著,其产业产值、营业收入分别为535.22亿元和776.93亿元,利润率为13.77%,成功入选国家发改委战略性新兴产业集群。2018年,石家庄经济技术开发区注册企业达1372家,聚集了以华药集团、石药集团、四药集团等为代表的生物医药产业集群,以新宏昌天马、太行机械为代表的智能制造产业集群等。

唐山有16个开发区,以唐山高新技术产业开发区和曹妃甸经济技术开发区为主导,形成钢铁、装备制造、汽车零部件、冶金工业、焊接、机器人等主导产业,同时依托曹妃甸综合保税区,大力发展国际贸易与物流及出口加工等主导产业。唐山开发区的战略性产业快速集聚,拥有国家火炬计划焊接产业基地和国家级特色机器人产业基地,其中,焊接产业基地规模为全国第一、世界第六,新认定高新技术企业占全市的1/4,且在2020年推进的80个产业项目中有90%以上为战略性新兴产业项目。曹妃甸经济技术开发区初步建成了精品钢铁、水电联产、石化等循环经济产业链和装备制造产业链。

秦皇岛有6个开发区,以秦皇岛经济技术开发区和出口加工区为主,形成粮油食品加工、汽车零部件、装备制造、商贸及保税物流等主导产业,建成了世界最大汽车铝制零部件基地、中国第二大汽车玻璃生产基地、重要高端装备制造基地、北方最大粮油食品加工基地。其中,2019年,秦皇岛经济技术开发区全区完成地区生产总值268.28亿元、财政收入45.28亿元、规模以上企业营业收入855.15亿元、实际利用外资4.16亿美元,分别占全市的16.6%、16.2%、46.8%和34.7%。

保定有17个开发区,以保定高新技术产业开发区为主,形成了新能源、能源设备、光机电一体、生物医药、汽车及零部件等主导产业，稳步推进保定深圳高新技术科技创新产业园项目建设，旨在发展电子信息、高端制造等产业。其中，保定高新技术产业开发区超过4000家，已认定高新技术企业近200家，科技型中小企业近千家，2014年开始跨入千亿园区。以长城汽车为龙头，聚集了268家汽车供应零部件企业，汽车产业链年产值超过千亿元。

邯郸有18个开发区，以邯郸经济技术开发区为主，形成精品钢材、电子信息、装备制造、新材料和新能源、医药食品等主导产业。目前，邯郸列入河北省战略性新兴产业示范基地总数已有3个，包括以生物基制品为主的曲周经济技术开发区、以新能源汽车为主的武安工业园区和以新型功能材料为主的经济技术开发区。统计数据显示，2012—2018年，全市装备制造、高新技术产业增加值年均增长20%左右，新材料、新能源年均增长25%以上。

承德有10个开发区，以承德高新技术产业开发区为主，形成装备制造、生物医药、食品饮料、新材料等主导产业。其中，装备制造业产值达100亿元以上。双滦钒钛新材料、高新区大数据智能感知基地列入省级战略性新兴产业示范基地，平泉食用菌成为全国示范产业集群。[10] 2019年，高新技术企业、科技型中小企业分别达到164家和1970家。

沧州有15个开发区，以沧州临港经济技术开发区为主，形成石化、生物医药、电力、装备制造、汽车及零部件、智能网联等主导产业。沧州拥有营业收入超过50亿元工业产业集群33个，沧州经济开发区、临港经济技术开发区和任丘经济技术开发区三个开发区全年主营业务收入均超过千亿元，其中，沧州经济开发区被认定为河北省智能网联汽车方向战略性新兴产业基地。以北京现代沧州工厂为龙头，聚集一批汽车零部件企业，形成一个近千亿级的汽车产业集群，其中仅在沧州经济开发区周边配套的企业产值超过了200亿元。

廊坊有 12 个开发区，以廊坊经济技术开发区、综合保税区和燕郊高新技术产业开发区为主，形成电子信息、装备制造、新材料、家具、物流等主导产业。充分发挥华为、京东等旗舰型企业的辐射带动作用，推动华为云数据中心、京东华北云计算中心等建设，完善相关配套产业，加快建设大数据省级示范基地，大力培育电子信息产业发展。截至 2019 年 10 月，全市电子信息产业入统企业共计 107 家，实现主营业务收入 326.89 亿元，同比增长 13%，其产业规模为河北省之首。2019 年，实施战略性新兴产业和现代服务业项目占亿元以上项目的比重达到 40%以上。

邢台有 17 个开发区，但未有国家级园区，目前初步形成新能源和新材料、装备制造、生物医药等主导产业，且高技术产业蓬勃发展，2019 年，邢台经济技术开发区规模以上高新技术企业增加值增长 40.8%。开发区产业带动全市战略新兴产业快速发展，县域特色产业集群不断壮大，战略新兴产业项目占比提高 16.5 个百分点，43 个特色产业集群增加值增长 13.2%。开发区累计引进 50 余个新能源企业和项目，初步形成了新能源产业集群及产业链条，成功入选全国新能源产业百强园区。

张家口有 11 个开发区，未有国家级开发区，目前初步形成装备制造、新能源、食品等主导产业，怀来葡萄酒等县域特色产业集群发展到 20 个，张北大数据等 4 个产业集群列入省级重点支持范围。[11] 2019 年，张家口高新技术企业数量达到 200 余家，营业收入为 537.94 亿元，增长 15.8%。其中，张家口经济技术开发区签约入驻可再生能源高端装备制造项目 14 个，总投资 76 亿元，装备制造产业集群初具规模，装备制造企业达到 28 家，实现工业总产值 26.4 亿元。[12]

衡水有 11 个开发区，未有国家级开发区，初步形成了新材料、装备制造、食品及生物制造等主导产业。2018 年，衡水高新技术产业开发区实现地区生产总值 170 亿元，拥有高新技术企业70家，占全市的23%，高新技术产业投资增长61.4%。积极推进以衡水老白干、养元智汇饮品、中粮生化能源等企业为代表的生物制造产业示范基地建设，规模以上生物制造企业实现营业收入128.86亿元，成功入选河北省战略性新兴产业生物制造示范基地。

表4-1 京津冀两类国家级产业园区及主导产业

地区	类型	名称	主导产业
北京（2）	经开区	北京经济技术开发区	新一代信息技术、新能源汽车、生物医药、机器人和智能制造等
	高新区	中关村科技园区	电子信息、光机电一体化、新材料、新能源及高效节能、生物医药、医疗器械
天津（7）	经开区	天津经济技术开发区	电子信息、生物医药、石油化工、现代服务业、航天产业、新能源新材料、食品及粮食加工、装备制造、汽车和零部件
		西青经济技术开发区	电子信息、汽车及零配件、生物医药、高档生活用品和装备制造
		武清经济技术开发区	高端装备制造（以智能制造、轨道交通、汽车及零部件、电子信息为主）、生命健康、现代服务业
		天津子牙经济技术开发区	循环经济（工程机械、报废汽车零部件等再制造产业和电池制造、汽车总装的新能源产业）
		北辰经济技术开发区	高端装备制造、生物医药、新能源新材料、新一代信息技术、现代物流
		东丽经济技术开发区	航空航天、电子信息、汽车、精密仪器、装备制造、生物制药
	高新区	天津滨海高新技术产业开发区	新能源、信息技术、节能环保

续表

地区	类型	名称	主导产业
河北（11）	经开区	秦皇岛经济技术开发区	粮油食品加工、汽车零部件、重大装备制造、商贸物流、大数据、节能环保、新能源以及生物工程
		廊坊经济技术开发区	电子信息、机械设备制造、新能源、现代服务业
		沧州临港经济技术开发区	生物医药、大型石油化工、电力、煤化工、氯碱化工、化工新材料、新型涂料、现代物流
		石家庄经济技术开发区	生物医药、智能装备制造、轻工食品、新材料
		唐山曹妃甸经济技术开发区	船舶海运、汽车零部件、物流业、石油、化学制品、冶金工业
		邯郸经济技术开发区	白色家电、新能源和新材料、智能制造、医药食品、电子信息、生产性服务业
	高新区	保定高新技术产业开发区	新能源、能源设备、光机电一体
		承德高新技术产业开发区	装备制造、食品材料、生物医药
		石家庄高新技术产业开发区	生物医药、电子信息、先进制造
		唐山高新技术产业开发区	装备制造、汽车零部件、新材料
		燕郊高新技术产业开发区	电子材料、新材料、装备制造

资料来源：科学技术部火炬高技术产业开发中心以及各开发区网站整理而得。

三 京津冀地区园区产业合作现状

充分发挥京津冀产业园区各自优势，采取"结对子"、共建园区、"飞地"园区以及项目合作驱动等形式，推进京津冀产业园区良性互动和协同发展。同时，通过园区产业合作可以充分发挥京津冀协同创新示范效应，有效吸引北京疏解产业和转移的产业。

（一）积极推进产业园区合作共建

自京津冀协同发展战略实施以来，京津冀园区合作共建进展明显，成为推动京津冀产业协同发展的突破口和重要抓手，推动区域产业逐渐向专业化、特色化发展，形成产业集群集聚效应，推动京津冀三地产业协同发展。目前，京津冀园区合作共建以多种形式推进京津冀高端要素聚合。一是京津冀三地开发区、高新区或产业园之间加强合作，例如，北京经济技术开发区与河北永清经济技术开发区合作共建的北京亦庄·永清高新技术产业开发区，以及"飞地"模式的园区，如唐山在天津宁河区设立的芦台经济技术开发区。

二是京津冀三地政府推动合作共建产业园，例如，京冀两地立足高端装备和重化工产业合作共建的北京（曹妃甸）现代产业发展试验区、立足大健康产业合作共建的滦南（北京）大健康国际产业园、立足生物医药产业合作共建的北京·沧州渤海新区生物医药产业园、立足数据中心建设合作共建的北京·张北云计算产业园、以高新技术和高端装备研发制造产业为主导的亦庄众联·保定创新园，津冀两地立足生物医药产业合作共建的天津·沧州渤海新区生物医药产业园以及承接产业转移的京津合作示范区。

二是以中关村"一区多园"为代表的合作共建园区，中关村科技园是京津冀区域高技术产业的核心园区，在促进京津冀园区合作共建及带动区域创新协同发挥着重要作用，统计数据显示，2014年以来，中关村国家自主创新示范区与津冀两地的技术合同成交额超过600亿元，其中，仅2018年达到183亿元。从中关村科技园在京津冀三地园区合作共建情况看，合作共建的产业园区是深入贯彻落实京津冀协同发展战略，承接北京非首都功能疏解和产业转移的重要平台之一。天津滨海—中关村科技园依托滨海新区先进制造业基础，引进了中国（滨海新区）知识产权保护中心、天津（滨海）海外人才离岸创新创业基地、中关村雨林空间、中关村智造大街等创新服务平台，目前已逐步建立了类中关村创新创业生态体系，助力将其打造成京津冀全面创新改革的引领区。一批"中关村元素"项目在保定集聚，如，保定·中关村创新中心、中关村丰台园满城分园、中关村石景山园·定兴分园等。其中，保定·中关村创新中心旨在通过集聚创新要素构建"类中关村"创新生态系统，中关村丰台园保定满城分园主要目的是承接丰台园企业的高端制造生产线。涿州中关村科技产业园由保定市、涿州市与中关村协同发展投资有限公司、北京万科企业有限公司共建的，旨在打造京津冀协同创新共同体。中关村海淀园秦皇岛分园由秦皇岛经济技术开发区与中关村科技园区海淀园合作共建的，是京津两地产业对接平台和产业有序转移的试点载体。北京中关村（曹妃甸）高新技术成果转化基地，支持中关村各类创新资源向曹妃甸开放共享和辐射集聚。

此外，在推进京津冀产业园区合作共建进程中，形成了一些可借鉴的体制机制构建经验。例如，北京亦庄·永清高新技术产业开发区内入驻企业注册和税收均在廊坊，而北京则可以获得科技成果孵化机产业化的空间；北京·沧州渤海新区生物医药产业园对入区的北京药企全面落实异地延伸监管政策，并由北京食药监局监管；中关村丰台园和保定分园共同出资成立园区运营管理公司，共同负责园区的运营管理等工作，为入园企业提供和中关村丰台园统一标准的服务。保定·中关村创新中心是首家由中关村在京外设立的创新中心，主要遵循"轻资产、重运营、重服务"的运营模式，按照新一代信息技术、战略性新兴产业、人工智能三大产业定位，打造京津冀协同创新基地。中关村海淀园秦皇岛分园在收益分配上，已达成企业、北京海淀区、秦皇岛三方"442"利益共享模式，其中还有一部分企业税收作为企业的发展基金。

（二）深化区域协同持续推进园区合作

各区之间通过结对协作、跨区横向转移支付，进一步推进区域绿色产业发展。例如，北京经济技术开发区开展平谷区结对协作工作，每年出资1亿元共同设立产业投资基金，联合建设中关村科技园区平谷园，吸纳平谷区近500人来开发区就业，重点推进通航产业协作；与通州区合作对接，旨在建设好亦庄新城，推动"三城一区"科技创新建设。海淀区与延庆区结对协作，每年海淀出资1亿元、延庆配套5000万元，共同组建结对协作专项资金6亿元，重点加强中关村园区合作，推进海淀现代园、冰雪产业、新能源环保等产业向延庆园转移。

开发区联盟在开发区协同发展中发挥着重要的作用，为京津冀地区的开发区和企业搭建了交流平台。2015年京津冀三地开发区共同签署了《京津冀开发区创新发展联盟框架协议》，并成立了京津冀开发区创新发展联盟，旨在探索一条以开发区为先导推进区域经济一体化发展的新路径，促进京津冀三地产业对接合作。联盟成立以来，已在生物医药和汽车制造两大产业领域开展协同发展工作，并促进两大产业初步形成了区域产业链。

探索构建区域协同发展机制，积极促进多主体支持园区建设，推动产业园区与高等院校、科研院所等单位紧密合作。例如，河北安国现代中药工业园区与北京中医药大学合作，联合京津冀中医药科研单位、高等院校，成立了国家中医药产业技术联盟，有效地推进产业园区建设。曹妃甸大数据区块链产业园作为京津冀区域首个大数据区块链产业园，与京津冀大学、高职院校合作，将为京津冀地区输送区块链专项开发人才。京津冀地区大数据产业协同创新平台联合了京津冀三地高校、企业及产业联盟等，加强资源整合和共享，为京津冀大数据产业发展提供支撑。衡水高新区依托衡水科技谷，引进以"中科院+"为核心的国内外高端科技资源，构建全链条成果转移转化体系，共建京津冀生物制造产业智造联盟，与华北制药集团共同建设大健康生产研发基地。

（三）积极承接北京产业转移

工信部及京津冀三地政府联合发布《京津冀产业转移指南》，明确构建了"一个中心、五区五带五链、若干特色基地"的产业发展格局。北京有序疏解非首都功能，自2014年以来，北京生产企业或市场整体向河北搬迁，如北京大红门、动物园批发市场分别向保定白沟、永清、固安、石家庄等地区转移。6年来，北京累计退出一般制造业企业2759家、疏解提升市场631家、物流中心122个，中关村企业在津冀两地设立分支机构累计超8000家[13]，到津冀两地投资的认缴出资额累计超过7000亿元。

天津积极承接北京产业转移，加速建设京津合作示范区、宝坻京津中关村科技城、武清京津产业新城等承接平台，积极承接产业转移及跨区投资。2019年，滨海西区全年承接非首都功能疏解项目468个，协议投资额2711.9亿元，中远海运总部、紫光立联信芯片等重点项目落户；滨海中关村科技园累计注册企业1423家，注册资本135.3亿元；京冀企业在津投资到位资金1470.67亿元，占全市市级利用内资的51.0%。

河北积极推进京津产业、科技成果向其产业园区转移，目前，与京津两地成立产业技术创新联盟18个、创新平台160个，引进转化京津科技成果570多项。保定加快推进高端产业项目，近年来与京津两地合作项目约436项、引资1800多亿元。沧州市与京津的合作项目有1125项，总投资5524亿元。邢台市与京津合作项目达500余项，总投资超过3000亿元。廊坊市2014年以来累计引进京津资金1703.4亿元。此外，冀南新区、邯郸经济技术开发区、冀津（涉县·天铁）循环经济产业示范区入列先进制造业承接平台，积极承接京津先进制造业转移，2014年以来，邯郸全市累计签约引进京津合作项目202个，协议总投资额超过4000亿元。"通武廊"三地园区共建产业共同体，旨在承接北京高端产业、高科技研发机构和相关项目。沧州经济开发区为"京津冀现代制造业承接平台"，近几年累计引进京津合作项目1300多个，协议总投资6200多亿元。廊坊经济技术开发区积极承接北京电子信息产业转移，企业数量达到120家，覆盖了研发孵化转化、生产制造、技术服务等全产业链条，产业规模位列开发区四大集群产业之首。2019年河北省经济技术开发区承接京津产业转移、与京津合作建设项目287个，总投资3814亿元。曹妃甸经济技术开发区实施京津产业项目100个、总投资1807亿元。

京津冀区域产业项目对接持续深化，助力园区产业联动和合作。例如，京津冀大数据协同处理中心、西青电子城数据中心、中国电信京津冀数据中心、中车金融租赁、中科院北京国家技术转移中心天津中心等项目顺利推进。首钢京唐项目、北京城建重工的新能源汽车项目落地曹妃甸，创智云谷等一批项目签约入驻亦庄·永清园。中关村的项目如"科大讯飞"落地廊坊大数据产业园，同时廊坊经济技术开发区与科大讯飞合作，建立"人工智能研究院"，共建京津冀人工智能应用中心。

四 京津冀地区产业园区发展中存在的主要问题

尽管"十三五"时期京津冀产业园区取得一些成绩，整体发展趋稳，地区之间产业分工与定位日益明确，但京津冀产业园区在跨区产业转移承接、上下游产业对接、企业协作配套、现代化产业集群建设、产城融合等方面存在明显的问题，制约了产业园区在推动京津冀区域协调发展增长极的作用。

（一）区域内整体产业协调仍有待提升

尽管京津冀产业统筹性明显增强、营商环境不断优化，尤其津冀两地积极改善营商环境，但承接北京产业疏解转移地区仍存在产业园区吸引力不强问题，跨区域产业疏解转移更多还依赖政策驱动而非市场驱动，这主要是由于承接地产业发展基础薄弱、园区产业配套不完善等，最终也制约了跨区域产业协调发展。目前京津冀区域在积极推动产业合作，但并未真正调动起各个主体参与的积极性，大部分产业在区域内协调水平不高，主体之间利益分配机制和合作机制仍有待进一步完善。总体上，京津冀三地产业园区在整体实力上仍存在显著差距，产业基础落差较大，且三地开发区在产业链布局、政策协同等方面对接协作并未完全打通，新兴产业园布局相对较为分散，园区之间联动机制缺乏，造成承接产业转移效率低下、落地难，未能形成相互衔接的产业发展链条，这也使京津冀产业链建设面临集聚度不高、企业配套不足、创新转化不强、产业链脆弱等一系列问题，尤其是河北上游产业、产业配套及生产性服务业与京津产业合作发展需求差距较大，不能满足转移产业落地发展的需求，致使京津冀产业园合作共建效果未能取得更大实质性进展。

（二）科技创新成果转化、产业化不足

在京津冀协同发展进程中，科技创新资源配置效率不高，创新产业链不健全，制约京津冀区域科技创新成果转化的瓶颈问题并未突破，跨区域创新成果有序转移转化仍需进一步完善。2019年，北京地区专利申请量、授权量分别为22.61万件和13.17万件；每万人发明专利拥有量达到132件，位居全国第一，约为全国平均水平的10倍；地区技术市场成交额约5695.3亿元，增长14.9%，其中，流向津冀两地技术合同成交额282.8亿元。[14]可见，尽管北京产生了大量的科技创新成果，但在津冀两地的转化率不高，并未真正形成北京研发、津冀转化的链条。北京作为全国的科技创新中心，对津冀两地创新发展的辐射带动作用不充分，而津冀两地并未充分发挥其地缘优势，尤其是与中关村科学城、怀柔科学城和未来科技城这三大科学城的对接工作仍有待加强，需要进一步完善京津冀产业园区与这三大科学城的科技项目对接、成果产业化机制。

（三）产业园区主导产业优势不突出

京津冀园区产业结构总体层次水平仍较低，主导产业中龙头企业聚核、聚链优势不明显，产业上下游链条及配套产业仍有待进一步完善，且区域资源分配相对分散、专业化分工不明确，未能充分有效形成园区主导产业的集聚效应。同时，由于京津冀国有企业、中央企业等比重较大，而民营企业发展相对不足，导致区域产业发展活力不足，市场运作机制缺乏，这也制约了主导产业链布局。此外，产业结构存在一定的相似性，同质化问题仍较为突出，尤其是津冀两地以及河北省各市之间存在产业重复投资和竞争的现象，如各地区将装备制造作为主导产业，但目前仍需对这一主导产业进行细化，协调各地区形成合力共同打造京津冀装备制造产业基地。

（四）产城融合仍有待进一步推进

京津冀多数园区仍存在"有产无城"现象，尤其是新城发展与产业发展存在明显脱节，产业与城市功能不匹配、不协调问题较为突出，在园区工业化推进过程中，需要充分考虑推进与城市化的融合。当前尽管各地都在积极推进产城融合发展，但推进产城融合的力度还不够大，园区及周边区域城市功能较弱，相应的城市商业、基础公共服务和居住配套等建设相对滞后，基础设施支撑产业园区发展仍有待进一步完善，尤其是医疗和教育等方面资源较为紧张，一定程度上也制约园区人才的引进。例如，北京经济技术开发区尽管在宜居宜业环境方面取得了显著成效，但也还存在一定的问题，例如没有形成与亦庄新城发展相适应的科学的社会管理和公共服务体系。

五 推进京津冀地区产业园区经济高质量发展的政策建议

为加快推进"十四五"时期京津冀产业园区经济高质量发展，积极构建灵活的体制机制、优质的营商环境、浓厚的科技创新氛围及完善的产业配套，推动产业园区结构优化提升。

（一）稳步推进机构改革改善营商环境

以增强服务为切入点健全优化营商环境，统筹优化职能部门工作流程，尤其是优化企业审批流程，如可以总结北京经济技术开发区重构工作流程的经验，推广各开发区建立"准入—审批—管理—执法"链条式管理机制，探索设立公共服务机构。针对非首都功能疏解和产业转移，加强产业园区市场准入和项目落地统筹协调，优化跨区域企业监管和配套服务等功能。以市场化为导向，推进产业园区企业化管理，管理人员采用聘任制，打破固有僵化机制限制。

（二）发挥金融资本助力园区产业发展

充分发挥基金引导作用，探索灵活、多元的基金模式，搭建创新创业投融资服务平台，深化产融对接服务，推动产业园区实体企业投融资效率。设立新兴产业政府引导基金，采取市场化运作方式聚集更多社会资本，推动区域金融资本与园区产业创新要素有效融合。鼓励发展专项实体经济纾困基金，与园区龙头企业联合起来，推进融资担保业务发展，助力园区新产业、新项目落地。积极发展产业风险基金，大力扶持主导产业，助力作用大、带动强的企业上市，发挥其优势作用支持资源整合，夯实园区经济发展基础。

(三) 完善服务机制激发园区发展活力

立足区域整体层面,做好顶层设计,探索跨区域园区共建共赢机制,推进园区结对合作共建。充分发挥行业协会、产业联盟等作用,组织行业交流会、发展论坛、双创会、项目对接会等活动,为企业创造更多对外交流合作机会。利用5G、数字技术等新兴技术,加强"互联网+园区"的智慧园区建设,推进传统产业园区转型升级。深入园区企业开展服务,定期发布企业需求清单,并结合产业疏解承接地的优势条件及主导产业,为北京疏解转移产业制定相应的产业政策,为落户企业提供更好的服务,促进其落地健康发展。

参考文献

［1］华夏经纬网:《京津冀有21个国家级开发区 成对外开放重要平台》,2019年8月23日,http://www.huaxia.com/tslj/rdqy/qt/2019/08/6201789.html。

［2］《北京经济技术开发区管委会2019年度工作报告》。

［3］天津经济技术开发区管理委员会政务平台2019年1—9月统计数据。

［4］天津经济技术开发区管理委员会政务平台2018年统计数据。

［5］《北京经济技术开发区管委会2019年度工作报告》。

［6］《京津冀协同发展规划纲要》明确指出,北京作为全国政治中心、文化中心、国际交往中心、科技创新中心,天津作为全国先进制造研发基地、北方国际航运核心区、金融创新运营示范区、改革开放先行区,河北作为全国现代商贸物流重要基地、产业转型升级试验区、新型城镇化与城乡统筹示范区、京津冀生态环境支撑区。

［7］中关村科技园区管理委员会网站，2018 年统计数据。

［8］中关村国家自主创新示范区网站：《2019 年 1—11 月中关村示范区创新发展情况》，2020 年 1 月 3 日，http：//zgcgw. beijing. gov. cn/zgc/tjxx/jdsj/190747/666280/index. html。

［9］天津经济技术开发区管理委员会政务服务平台：《天津开发区全力"撮合"汽车产业链有效对接》，2020 年 5 月 13 日，http：///www. teda. gov. cn. /contents/3951/87069. html。

［10］《2020 年承德市人民政府工作报告》。

［11］《2020 年张家口市人民政府工作报告》。

［12］张家口经开区管理委员会网站，2018 年统计数据。

［13］新浪财经：《过去 6 年北京流向津冀技术合同成交额累计超千亿》，2020 年 2 月 24 日，https：//finance. sina. cn/2020 - 02 - 24/detail-iimxxstf4064024. d. html。

［14］《2019 年北京技术市场统计年报》。

［15］陆大道：《京津冀城市群功能定位及协同发展》，《地理科学进展》2015 年第 34（03）期。

［16］孙久文、姚鹏：《京津冀产业空间转移、地区专业化与协同发展——基于新经济地理学的分析框架》，《南开学报》（哲学社会科学版）2015 年第 1 期。

［17］薄文广、陈飞：《京津冀协同发展：挑战与困境》，《南开学报》（哲学社会科学版）2015 年第 1 期。

［18］孙久文、原倩：《京津冀协同发展战略的比较和演进重点》，《经济社会体制比较》2014 年第 5 期。

［19］张贵、王树强、刘沙、贾尚键：《基于产业对接与转移的京津冀协同发展研究》，《经济与管理》2014 年第 28（04）期。

［20］王少剑、方创琳、王洋：《京津冀地区城市化与生态环境交互耦合关系定量测度》，《生态学报》2015 年第 35（07）期。

[21] 刘建朝、高素英：《基于城市联系强度与城市流的京津冀城市群空间联系研究》，《地域研究与开发》2013年第32（02）期。

[22] 孙久文、丁鸿君：《京津冀区域经济一体化进程研究》，《经济与管理研究》2012年第7期。

[23] 吴群刚、杨开忠：《关于京津冀区域一体化发展的思考》，《城市问题》2010年第1期。

[24] 祝尔娟：《京津冀一体化中的产业升级与整合》，《经济地理》2009年第29（06）期。

[25] 曾珍香、段丹华、张培、王欣菲：《基于主成分分析法的京津冀区域协调发展综合评价》，《科技进步与对策》2008年第9期。

[26] 孙久文、邓慧慧、叶振宇：《京津冀区域经济一体化及其合作途径探讨》，《首都经济贸易大学学报》2008年第2期。

[27] 薄文广、刘仪梅、张亚舒：《区际合作产业园区可持续发展思考——以滨海—中关村科技园为例》，《天津大学学报》（社会科学版）2019年第2期。

[28] 陈曦：《天津滨海—中关村科技园：京津政策叠加优势让企业跑出"加速度"》，《科技日报》2019年9月4日。

[29] 陈旭东、靳彤、赵苪琳：《京津冀协同发展中京津科技合作的经验与对策研究》，《理论与现代化》2019年第4期。

[30] 闫瀚丹：《京津冀产业分工越来越明朗》，《人民日报海外版》2020年1月2日。

[31] 朱竞若、贺勇：《京津冀——协同发展上台阶》，《人民日报》2018年7月26日。

[32] 康振海：《构建京津冀协同发展新机制》，《经济日报》2019年12月13日。

第五章 长江三角洲地区产业园区经济发展现状及比较

刘佳骏

推动长三角地区产业园区（开发区）高质量发展是长三角一体化发展的重要组成部分，实现长三角地区一体化发展也为其他地区实践一体化发展提供重要参考对象。[1]长三角地区是我国经济发展先行区、改革开放的最前沿，同时也是产业最集中、企业最集聚、创新活力最强、园区布局最多的地区，研究并掌握该地区国家级园区的发展情况，对我国发展集约型经济、促进产业转型升级和自主创新具有重要的实践意义。未来，在长三角区域一体化发展规划纲要的指引下，通过区域内产业园区功能升级，深入实施创新驱动发展战略，打造产业园区智能生态，在江浙沪皖三省一市合理布局发展符合本区域资源禀赋的产业，严格控制产业园区发展不突破周边环境空间承载力，推动园区间建立基于智能制造的产业发展生态群落，培育具有较强核心竞争力、较强自主创新发展力的高质量产业园区集群，从而为实现长三角地区高质量一体化发展提供支撑。

一 长江三角洲地区产业园区总体情况

改革开放以来40多年间，长三角地区是我国产业园区（开发区）发展的先行区、密集区、引领区和示范区，也是我国产业园区（开发区）率先设立和快速发展的重点区域。由长三角地区开发区（产业园区）基本情况表所示（见表5-1、表5-2），截至2018年年底，长三角地区（三省一市）共有不同等级、各类型开发区（产业园区）668个，占全国开发区（产业园区）总数的近四分之一（24.92%），其中，国家级开发区161个约占全国的四分之一强（25.64%），国家级经济技术开发区65个，国家级高新技术开发区33个，海关特殊监管区46个，分别约占全国总数的近三分之一（29.68%）、五分之一（19.64%）和三分之一（32.17%），国家级自主创新示范区5个，约占全国总数的近四分之一（23.81%），各类型省级开发区（产业园区）346个，占全国省级开发区（产业园区）的16.85%，所以，从地处长三角地区（三省一市）各类型开发区（产业园区）的分布数量来看，长三角地区已经成为我国开发区（产业园区）分布最为集聚的区域和开发区（产业园区）经济最为活跃的区域。因此，科学有效地推动长三角地区开发区（产业园区）高质量发展，一方面能够保障区域内产业园区在新工业技术革命和国际经贸形势下持续健康发展，继续保持竞争力和创新力，同时也为推动长三角地区一体化高质量发展提供了重要的产业支撑平台和战略推动抓手，为巩固我国东南沿海地区产业发展的国际优势奠定基础。

表5-1　　长三角地区开发区（产业园区）基本情况

开发区类型	全国（个）	上海市（个）	江苏省（个）	浙江省（个）	安徽省（个）	长三角地区合计（个）	长三角开发区占全国开发区比重（%）
总数	2681	87	272	167	142	668	24.92
国家级开发区	628	24	72	42	23	161	25.64
其中：国家级经开区	219	6	26	21	12	65	29.68

续表

开发区类型	全国（个）	上海市（个）	江苏省（个）	浙江省（个）	安徽省（个）	长三角地区合计（个）	长三角开发区占全国开发区比重（%）
国家级高新区	168	2	17	8	6	33	19.64
海关特殊监管区	143	11	23	8	4	46	32.17
边/跨境合作区	19	0	0	0	0	0	0
国家级自贸区	18	1	1	1	0	3	16.67
国家级新区	19	1	1	1	0	3	15.79
国家级自创区	21	1	1	2	1	5	23.81
其他国家级	23	2	3	1	0	6	26.09
省级开发区	2053	39	128	83	96	346	16.85

资料来源：中国开发区网。

由于长三角地区一直以来就是我国经济最具活力、开放程度最高、创新能力最强的区域之一，已是我国经济社会现代化发展的前沿地带，引领着全国的发展，其区域内开发区（产业园区）的高质量发展至关重要，是我国制造业项目落地和各类型前沿技术应用的密集区域，肩负着我国制造业各行业高质量发展的排头兵使命，也是我国深化改革开放，探索性"先行先试"政策的重点试验区。2018年，针对深化改革与对外开放，推动长三角地区一体化发展，习近平总书记指出，"加快推进长三角地区更高起点的深化改革和更高层次的对外开放，进一步完善中国改革开放空间布局"①，为长三角地区一体化发展指明了方向。近年来，长江三角洲区域一体化发展已上升为国家战略，自上而下地推动长三角地区一体化发展呈现出明显的"政

---

① 习近平主持召开扎实推进长三角一体化发展座谈会并发表重要讲话，新华网，www.xinhuanet.com/2020-08/23/c，2020年8月22日。

出多门、各自为政"的倾向，解决问题的出路在于充分释放和有效发挥城市、园区、企业以及社会组织等主观能动性、积极性以及创造性，由政府主导走向多元联动。[2]

表5-2　　　　　长三角地区国家级自主创新示范区

自创区名称	涵盖范围	批复时间
上海张江国家自主创新示范区	上海市	2011年3月
苏南国家自主创新示范区	江苏省南京市、苏州市、无锡市、常州市、镇江市	2014年11月
杭州国家自主创新示范区	浙江省杭州市	2015年9月
合芜蚌国家自主创新示范区	安徽省合肥市、芜湖市、蚌埠市	2016年6月
宁波、温州国家自主创新示范区	浙江省宁波市、温州市	2018年2月

资料来源：笔者整理。

长三角地区是改革开放的先行区，我国国土开发的重点区域。长期以来制造业集聚程度，固定资产投资力度和吸引外资能力一直处于全国前列。其中国家级开发区集聚了三省一市近五成以上的工业项目，制造业在区域内具有绝对的引领作用。从工业产值来看，上海市、江苏省的各类开发区（产业园区）集聚了区域内四分之三以上的工业产值，是上海市、江苏省制造业的主要承载地；浙江省开发区（产业园区）则集聚了全省近一半的工业产值。从固定资产投资和利用外资情况来看，根据三省一市开发区发展报告，自2010年以来，长三角地区各类开发区（产业园区）的工业项目年均固定资产投资已占全部总固定资产投资金额的54.0%—83.2%，年均合同（实际）利用外资等指标也占到全部实际利用外资总金额的41.9%—81.6%。

上海市一直是长三角地区发展的龙头。以航空航天产业发展为例，目前，依托"大飞机"等国家战略项目，上海正努力向发动机、航电、机电和维修等产业链高端迈进，在大型客机的研制生产、关键零部件和航空材料配套、航空维修以及新一代运载火箭、应用卫星平台、载人航天、探月工程和空间安全与维护等领域的研发制造方面，逐步在长三角地区实现了协同配套。同时，江、浙、皖产业园区积极对接上海商飞、上海无人机产业创新中心、同济科技等资源，加快引进无人机、中小型通用飞机制造和航空维修等项目，培育发展航电、机电和航空教育培训等相关产业链条，从产业生产项目合作，向上游研发合作方向提升，使得江、浙、皖产业园区在航空航天产业发展上与上海进行协同联动。

总体上来看，上海产业在长三角处于引领态势，江浙皖园区发展呈现出对接和融入上海最新产业发展战略，发展过程中着力培育发展一批跨区域产业集群，深度嵌入上海制造业产业链。《上海市制造业转型升级"十三五"规划》指出，上海计划到2020年，要努力建设成为国内技术水平最高、产业链最为完整、综合实力最强的集成电路产业基地，预期实现营业收入2000亿元（受2020年疫情影响上半年营收略有下降，全年目标完成度受到一定影响），特别强调要加强与长三角地区封装等产业链的协作。在重点加强江浙皖园区芯片与集成电路产业封装测试等环节与上海的联动的同时，吸引北京、深圳等芯片设计研发单位资源，逐步发展壮大芯片设计、关键设备制造、基础材料研发和产业化等高端环节，抓住国家"内循环"新格局下，强调科技创新是核心驱动力的战略机遇，凭借原有产业基础优势，打通国产化连接断点，助推长三角一体化发展的"芯片梦"早日实现。

根据上海市发布《关于本市推动新一代人工智能发展的实施意见》，"十三五期间"原计划上海到2020年要形成千亿级的人工智能核心产业规模，培育10家人工智能创新标杆企业、打造6个创新应用示范区、形成60个深度应用场景，但是，受全球经贸发展格局突变与新冠肺炎疫情影响，在"十四五"期间，应尽快及时调整上海园区产业发展方向与定位，结合数字经济发展，提升智能制造的同时，也要防范优势制造业的外流。长三角产业园区中,上海高新区处于十分重要的地位,重点要结合江浙皖园区主动嵌入人工智能核心业态、关联业态、衍生业态等产业链条,其他高新区和制造业园区要联合上海打造长三角一体化的人工智能、智能装备制造、数字经济等产业集群,利用人工智能、智能装备、大数据、物联网等改造提升园区现有的绿色家居、现代纺织、汽车零配件、电子信息等传统优势产业。通过与周边城市合作,通过飞地园区,创新合作与运营模式,从而使上海地区科技产业园区发展面临的用地紧张问题得到有效解决。[3-5]

二 长江三角洲地区产业园区主导产业发展现状

从长三角城市群部分城市主导产业情况表和长三角国家级开发区主导产业发展定位情况表(见表5-3、表5-4)可以看出,长三角城市群各城市与产业园区主导产业具备一定的特色,上海、杭州和南京的主导产业以金融、信息技术等高端服务业为主,经济较不发达的城市如马鞍山、滁州等以制造业为主。主导产业、产业结构存在较大的空间差异,上海、南京、杭州、无锡等城市的主导产业主要集中于先进的制造业和经济效益较大的金融、信息技术等高端服务业,第三产业比重高于第二产业,且在三产中占主导地位;而嘉兴、盐城、芜湖、马鞍山等城市总体上以低端制造业为主,第二产业所占的比重较大,且第一产业比重相较于其他城市也是比较高的。此外,长三角城市群存在产业同构化、重复建设、产能过剩等问题,产业转型升级成为必然趋势。从产业引导、园区配套、技术支撑等角度推动长三角产业转移重点路径优化,推动产业一体化发展是长三角一体化的核心内容。[6]

需要特别指出的是江浙沪地区除上海地区高新区外,杭州高新区也是一个亮点,杭州高新区的发展一直致力于数字经济和新制造业双轮驱动发展,在软硬件协同发展的过程中,形成质地强韧的"产业骨骼"。此次疫情中杭州高新区数字制造和智能制造为应急物资的供应保障提供了坚实的支撑。海康威视、大华股份、大立、红相等企业加速技术转化,快速切入疫情防控的相关细分产业。疫情期间,滨江高新区红外热成像仪一项产品的产量就接近40万台,产量分别占浙江省和全国的97%和65%,具有十分强劲的竞争力。

表5-3　　　　长三角城市群部分城市主导产业情况

城市	省市	主导产业	2018年产业结构比例（%）
上海	上海市	金融业、批发和零售业、电子、汽车制造业、成套设备制造业	0.33∶30.70∶68.97
南京	江苏省	金融业、文化产业、旅游业、信息技术、智能电网、节能环保、高端装备制造、新能源	2.25∶38.03∶59.73
无锡	江苏省	纺织服装、精密机械及汽车配套零部件、电子信息及家电业、冶金、精细化工及生物医药业	1.29∶47.23∶51.49
苏州	江苏省	电子、电气、钢铁、通用设备、化工、纺织、电子商务	1.43∶47.03∶51.54
常州	江苏省	装备制造业、新能源、输变电设备、电子、化工、纺织业	2.37∶46.53∶51.10
盐城	江苏省	机械工业、轻纺工业、化学工业、食品工业	11.10∶44.40∶44.50
南通	江苏省	纺织工业、食品加工业、机械工业、化学工业	4.95∶47.06∶47.99
扬州	江苏省	石油化工、交通运输设备制造、电器机械及器材制造业、仪表及办公用机械制造业	5.17∶48.88∶45.94
镇江	江苏省	金属制品业、化学原料及化学制品制造业、电气机械及器材制造业与通用设备制造业	3.47∶49.47∶47.06
泰州	江苏省	生物医药及高性能医疗器械、高端装备制造及高技术船舶、节能与新能源、新一代信息技术化工及新材料	5.57∶47.17∶47.26

续表

城市	省市	主导产业	2018年产业结构比例（%）
杭州	浙江省	信息、传输软件和信息技术服务业、电子商务、文创产业、旅游业、金融业	2.48：34.94：62.58
湖州		生物医药、新能源、新材料、机电、汽配与环保设备、电子信息	5.14：47.4：47.46
绍兴		纺织印染、高端纺织装备制造、新型化纤材料	4.05：48.77：47.18
金华		汽车、热力、运输装备	4.03：44.60：51.38
舟山		石化、船舶工、休闲旅游业	11.73：36.42：51.85
宁波		纺织服装业、日用家电业、输变电设备制造业、机械工业、汽车配套产业、石化工业、铁工业、电力工业、制造工业	3.19：51.85：44.96
嘉兴		纺织业、化工、化纤业、服装业、电气机械和器材制造业	3.09：53.02：43.88
台州		汽车摩托车及配件、缝制设备、医药化工、家用电器、塑料模具	6.11：44.17：49.71
芜湖	安徽省	汽车、材料、电子电器、电线电缆	4.23：55.99：39.78
马鞍山		钢铁、汽车、电力、化工	4.90：56.93：38.17
铜陵		铜材加工、电子信息材料、装备制造	4.22：63.00：32.78
安庆		石油化工、机械和装备制造、纺织服装	11.34：48.49：40.17
滁州		智能家电、汽车及先进装备制造、绿色食品、新型化工、硅基材料、新能源	14.11：50.95：34.94
池州		轻纺、农副产品加工、机械	11.11：45.45：43.43
宣城		汽车及装备制造、食品医药、文化旅游	11.02：48.08：40.90
合肥		汽车及零部件、装备制造、家用电器、食品及农副产品加工、平板显示及电子信息光伏	3.78：50.50：45.71

资料来源：根据长三角地区各园区发展规划和统计公报整理。

表 5-4　　　　长三角国家级开发区主导产业发展定位情况

主导产业名称	重点产业园区			
	江苏省	浙江省	安徽省	上海市
装备制造业（包括通用设备）	江苏徐州经济技术开发区、江苏苏州浒墅关经济技术开发区、江苏相城经济开发区、江苏吴江经济技术开发区、江苏常熟经济技术开发区太仓港经济技术开发区、江苏海安经济技术开发区、江苏如皋经济技术开发区、海门经济技术开发区、江苏连云港经济技术开发区、江苏淮安经济技术开发区、江苏镇江经济技术开发区、江苏靖江经济技术开发区、江苏宿迁经济技术开发区、江苏常州高新技术产业开发区、江苏苏州高新技术产业开发区、江苏昆山高新技术产业开发区、南通高新技术产业开发区、江苏连云港高新技术产业开发区、江苏盐城高新技术产业开发区、江苏镇江高新技术产业开发区、江苏宿迁高新技术产业开发区、江苏泰州综合保税区	浙江温州经济技术开发区、浙江嘉兴经济技术开发区、浙江衢州经济技术开发区、浙江丽水经济技术开发区、浙江萧山临江经济技术产业开发区、浙江湖州莫干山高新技术产业开发区	安徽合肥经济技术开发区、安徽安庆经济技术开发区、安徽池州经济技术开发区、安徽宣城经济技术开发区、安徽芜湖高新技术产业开发区、安徽蚌埠高新技术产业开发区、安徽铜陵狮子山高新技术产业开发区、安徽合肥综合保税区	上海闵行经济技术开发区、上海松江经济技术开发区、上海洋山保税港区、上海青浦出口加工区、上海闵行出口加工区

续表

主导产业名称	重点产业园区			
	江苏省	浙江省	安徽省	上海市
电子信息、电子设备	江苏锡山济技术开发区、江苏苏州浒墅关经济技术开发区、江苏苏州工业园、苏州相城经济技术开发区、江苏吴江经济技术开发区、江苏常熟经济技术开发区、江苏昆山经济技术开发区、江苏南通经济技术开发区、江苏淮安经济技术开发区、江苏沭阳经济技术开发区、南京高新技术产业开发区、江苏无锡高新技术产业开发区、江苏徐州高新技术产业开发区、江苏武进高新技术产业开发区、江苏苏州高新技术产业开发区、江苏昆山高新技术产业开发区、江苏泰州医药高新技术产业开发区、江苏宿迁高新技术产业开发区、江苏武进综合保税区、江苏吴江综合保税区、江苏昆仑综合保税区	浙江嘉善经济技术开发区、浙江绍兴高新技术产业开发区、浙江杭州出口加工区、浙江宁波保税区、浙江嘉兴综合保税区、浙江宁波高新技术产业开发区、浙江杭州高新技术产业开发区	安徽合肥经济技术开发区、安徽池州经济技术开发区、安徽合肥高新技术产业开发区、安徽蚌埠高新技术产业开发区、安徽合肥综合保税区、安徽合肥出口加工区	上海漕河泾新兴技术开发区、上海漕河泾出口加工区、上海张江高新技术产业开发区、上海松江出口加工区、上海青浦出口加工区、上海闵行出口加工区
汽车及汽车零部件	江苏江宁经济技术开发区、江苏相城经济技术开发区、江苏常熟经济技术开发区、江苏盐城经济技术开发区、江苏扬州经济技术开发区、江苏徐州高新技术产业开发区、江苏淮安高新技术产业开发区、江苏盐城综合保税区、泰州综合保税区	浙江嘉兴经济技术开发区、浙江长兴经济技术开发区、浙江金华经济技术开发区、浙江萧山临江高新技术产业开发区、浙江杭州出口加工区	安徽芜湖经济技术开发区、安徽马鞍山经济技术开发区、安徽安庆经济技术开发区、安徽滁州经济技术开发区、安徽宣城经济技术开发区、安徽合肥高新技术产业开发区、安徽蚌埠高新技术产业开发区、安徽芜湖综合保税区	上海金桥经济技术开发区、上海嘉定出口加工区、上海金桥出口加工区

续表

主导产业名称	重点产业园区			
	江苏省	浙江省	安徽省	上海市
新材料产业	江苏宜兴经济技术开发区、江苏徐州经济技术开发区、江苏海安经济技术开发区、江苏连云港经济技术开发区、江苏江阴高新技术产业开发区、江苏宿迁高新技术产业开发区、江苏常熟综合保税区、江苏武进综合保税区、江苏苏州工业园综合保税区、江苏张家港保税港区镇江综合保税区	浙江宁波杭州湾经济技术开发区、浙江杭州湾上虞经济技术开发区、浙江萧山临江高新技术产业开发区、浙江宁波高新技术产业开发区、浙江嘉兴秀洲高新技术产业开发区、浙江绍兴高新技术产业开发区	安徽桐城经济技术开发区、安徽芜湖高新技术产业开发区、安徽马鞍山慈湖高新技术产业开发区、安徽合肥综合保税区	上海漕河泾新兴技术开发区、上海化学工业经济技术开发区、上海松江经济技术开发区、上海青浦出口加工区
生物医药、生命健康产业	江苏南京经济技术开发区、江苏苏州工业园区、江苏南通经济技术开发区、江苏海门经济技术产业开发区、江苏连云港经济技术开发区、江苏南京高新技术产业开发区、江苏江阴高新技术产业开发区、江苏泰州医药高新技术产业开发区、江苏南通综合保税区、江苏南京海峡两岸科技工业园、江苏无锡太湖旅游度假区	浙江湖州经济技术开发区、浙江杭州高新技术产业开发区、浙江杭州经济技术开发区、浙江杭州余杭经济技术开发区、浙江湖州莫干山高新技术产业开发区、浙江平湖经济技术开发区、浙江绍兴袍江经济技术开发区	安徽淮南经济技术开发区、宣城经济技术开发区、安徽芜湖高新技术产业开发区、安徽安庆经济技术开发区	上海漕河泾新兴技术开发区、上海张江高新技术产业开发区
石油化工产业	江苏太仓港经济技术开发区、江苏镇江经济技术开发区、泰州医药高新技术产业开发区、江苏张家港保税港区保税区、镇江经济技术开发区	浙江宁波经济技术开发区、浙江宁波大榭开发区、浙江宁波石化经济技术开发区、浙江绍兴柯桥经济技术开发区、浙江杭州湾上虞经济技术开发区	安徽马鞍山慈湖高新技术产业开发区、铜陵经济技术开发区	上海化学工业经济技术开发区

续表

主导产业名称	重点产业园区			
	江苏省	浙江省	安徽省	上海市
新能源产业	江苏宜兴经济技术开发区、江苏徐州经济技术开发区、江苏海安经济技术开发区、苏州高新技术产业开发区、盐城高新技术产业开发区、江苏常州综合保税区、江苏扬州综合保税区	浙江萧山临江高新技术产业开发区、宁波高新技术产业开发区、浙江嘉兴秀洲高新技术产业开发区	安徽桐城经济技术开发区	上海紫竹高新技术产业开发区
精密机械产业	江苏锡山经济技术开发区、江苏苏州浒墅关经济技术开发区、江苏吴中经济技术开发区、南通经济技术开发区、江苏常州综合保税区、江苏吴江综合保税区、江苏昆山综合保税区、南通综合保税区	浙江宁波出口加工区		
光电与光伏产业	江苏昆山经济技术开发区、江苏盐城经济技术开发区、江苏扬州经济技术开发区、江苏常州高新技术产业开发区、江苏扬州高新技术产业开发区、江苏昆山综合保税区、盐城综合保税区	浙江温州高新技术产业开发区、浙江平湖经济技术开发区	安徽铜陵狮子山高新技术产业开发区	
纺织服装产业	江苏张家港经济技术开发区、江苏盐城经济技术开发区、江苏沭阳经济技术开发区、萧山经济技术开发区、江苏南通高新技术产业开发区	浙江平湖经济技术开发区、浙江绍兴袍江经济技术开发区、浙江义乌经济技术开发区		

资料来源：根据长三角地区各园区发展规划和统计公报整理。

三　长江三角洲地区产业园区产业合作现状

长江三角洲地区是当今中国经济最为发达的地区之一，也是开发区（产业园区）协作、产业分工合作最为活跃、最为成功的地区之一。经历了40多年的发展长三角地区开发区（产业园区）协同合作已经由传统的长江三角洲地区逐步拓展至"泛长三角"地区，而此次中央发布的长三角地区一体化发展规划，明确了长三角范围已经囊括江苏省、浙江省和安徽省的全境，上海市处于龙头地位。依托下游地区带动，长三角地区产业园区创新合作模式，采用共建"飞地园区""合作一区多园"等多种形式将长三角地区产业合作沿长江干线向中游地区延伸。目前长三角地区已经形成了一批基于产业链分工合作的产业园区集聚在区域内，近年来，上海在江苏省、浙江省、安徽省等地积极建立异地工业园区和开发区分区，在实现横跨长江两岸园区合作融合的同时，逐步实现了沿长江干线从下游向上游的产业园区合作格局，长三角产业园区已经成为"T"形国土开发区战略的核心高地，是实现东南沿海和长江流域产业合作、跨区域联动的重要产业载体和创新平台。

产业园区合作为长三角地区转移劳动力密集、技术含量低、土地资源占用大、效益产出低、高耗能环境压力大的制造业产业，优化产业结构，提升城市能级，促进产业园区向智慧化、智能化升级，为长三角地区发展现代服务业和先进制造业腾出空间。[7]总结长江三角洲地区园区产业合作与园区共建的特点如下：一是"三省一市"各级政府积极支持推动为园区跨市、跨省协作奠定基础；二是长三角地区产业园区合作逐渐形成产业链协作和创新生态的内生性基础；三是产业园区间合作机制日趋完善，不同主体间合作模式也日渐成熟。

（一）"三省一市"各级政府积极支持推动为园区跨市、跨省协作奠定基础

长三角地区的产业园区协作离不开长期以来"三省一市"各级政府积极推动，长三角地区是我国最早提出一体化发展的跨省级行政区域，近期发布的《长江三角洲区域一体化发展规划纲要》明确要求要发挥长江三角洲在全国经济发展中的"一极三区一高地"[①]的战略作用，明确了长三角一体化发展方向和路径，同时，这些战略定位也阐明了未来长江三角洲地区在产业园区合作协作方面的方向，和未来实现长三角地区产业园区高质量发展的要求。

从目前长三角地区的产业结构来看，江浙沪皖"三省一市"合作共建园区多数以汽车制造、新能源、通用航空、机械制造、轨道交通、电子信息、精细化工、新材料、生物医药与大健康、绿色食品饮料等产业为主，而上海多依托自身产业和园区优势，开发新能源、电子信息等高新技术产业，这些产业园区基于制造业产业上下游分工合作日趋紧密，同时在研发和创新生态培育方面也取得了显著成绩，依托三地的高校与研究机构，三地在产业创新生态、技术研发孵化、产业项目融资与风险投资方面合作也日益紧密。值得指出的是，近年来，浙江省在电商服务业、物流和软件服务业方面取得了显著成绩，基于电商的上下游和周边产业的合作布局也形成了一定规模，依托长三角完善的公路、高铁网络使得长三角地区物流体系完善程度与效率处于全国前列，"江浙沪包邮"也是长三角地区物流发达的写照。依托物流的完善，长三角地区各类服务于生产的要素资源

[①]《长江三角洲区域一体化发展规划纲要》中指出，"一极三区一高地"是长三角的战略定位，是长三角在新时代实现更高质量一体化发展的总体要求。"一极三区一高地"即"发展强劲活跃增长极、高质量发展样板区、率先基本实现现代化引领区、区域一体化发展示范区、新时代改革开放新高地"。

流动效率也得到了显著提升。

从近年来长江三角洲地区产业园区的实际运营情况来看,"三省一市"在跨省际园区间合作、协作共建机制的培育过程中,各地政府部门之间的相互认可与支持,更有利于解决园区的发展难题,促进了园区协作的顺利推进与健康和谐发展。2018年上海汽车产业产值达6774亿元,位居上海六大重点工业行业首位,在嘉定、浦东金桥和临港,汇聚了一批新能源、自动驾驶、智能网联等龙头企业,特别是特斯拉超级工厂的落户,助力上海站稳了国家新能源汽车示范区和智能网联汽车领航者的地位。特斯拉、蔚来汽车、上汽大众新能源汽车、谷歌无人车等着力打造的"未来车",离不开产业链上游端车体材料、电池等的设计研发、中游电机电控等关键零部件、下游新能源汽车试点应用推广、充电桩的布局等的一体化发展,江浙皖园区积极布局汽车电子、汽车动力和核心零部件等产业,与上海共同打造集共性技术研发、协同技术创新、汽车制造于一体的跨区域企业集群。伴随特斯拉汽车产线在上海和江淮—大众新能源汽车产线在合肥的落地,未来长江三角洲地区在新能源汽车产业的上竞争力又得到了进一步提升,围绕新能源汽车产业配套的企业和园区也将在长三角地区集聚,并得到快速发展。

(二)长三角地区产业园区合作逐渐形成产业链协作和创新生态的内生性基础

截至2018年年底,上海市、浙江省、江苏省、安徽省"三省一市"地区内合作共建了超过20家产业合作园区(飞地园区),且产业园区规划面积与建设质量、园区功能都有显著的提升,从最初的长江三角洲两省一市,逐步拓展到安徽省。其中,上海在江苏苏中、苏北,包括与南通、盐城等地,结合当地产业发展基础和上海产业溢出转移实际,共同建设了多个合作园区,仅上海与南通共建的园区就多达6个,入驻企业数量也逐年增多，不仅吸引江浙沪地区企业入驻，随着海上丝绸之路的推进，与中新苏州工业园区 25 年建设发展的成功示范效应，东南亚地区企业进入中国也对江苏地区的园区十分青睐。值得注意的是，江浙沪地区产业园区不断加快合作共建的步伐，园区协作的动力更多是源自自发共建、互利共荣的合作理念，是基于产业链和产业生态的内生动力合作基础。值得指出的是，在政府、园区管委会、企业的共同推动下，上海市与江苏省的产业园区合作成果显著。近年来，上海城市建设投资开发总公司在江苏启东设立了江海产业园，上海外高桥产业园区、上海杨浦区产业园区、宝钢集团产业园区、张江高新区分别在苏州、南通、昆山等地设立合作共建产业园区与飞地园区，并推动成立了"长江三角洲地区产业园区合作共建联盟"。

（三）产业园区间合作机制日趋完善，不同主体间合作模式也日渐成熟

经过改革开放 40 多年的发展，长三角地区跨区域园区合作机制已经逐渐清晰，并从顶层到地方形成了一系列合作机制，并针对合作实践中出现的体制机制欠缺进行及时完善，为长三角地区产业园区合作建立起了较为完备的制度环境。在推动长江三角洲地区产业园区（开发区）跨江融合和跨区域协调发展的过程中，长江三角洲地区各级政府、园区管委会进行了一系列制度安排探索和体制机制创新，在产业政策、产业负面清单、税费改革、人才创新等方面进行政策"先行先试"的同时，逐步建立了不同层级、不同主体的联席会议制度、信息沟通和利益分成机制，产业园区间合作机制日趋完善，不同主体间合作模式也日渐成熟。从园区共建主体合作情况上看主要有五种：园区与企业、园区与政府、园区之间、政府与企业、政府与政府合作。

目前，长三角地区产业园区主体间合作主要基于以下三种模式：一是不同主体间采取股份制合作模式共同投资建设产业园区，主体投资后交由合作双方成立的合资股份公司管理，运营收益按照不同投资方权益分成；二是应依托资源、区位、本地市场与现有产业基础优势，以龙头企业、完整产业链为重点，采取优惠措施吸引东部地区出口导向型、区域布局型产业建立合作园区，加快形成与本地资源要素相结合的现代化制造业产业链，在长江三角洲地区逐步构建起若干具有国际影响的制造业产业集群；三是采取管理与品牌输出的方式，进行跨区生产企业组织，以建设服务周边地区生产基地模式，逐步形成产业园区合作模式，采取"总部经济、合作研发、异地生产、统一经营、渠道分销"的方式，企业与研发总部设置在上海、南京、杭州等重点城市，生产基地转移至异地工业园区，并在各地设立销售服务网点，生产组织方式的变化，有效助推实现产业园区功能专门化，比如区域内的中新苏州产业园区、中新上海产业园、中新无锡产业园。这些园区在与国外合作的同时，与本地国家级产业园区开展基于产业链的集聚和分工协作，而产品的研发、销售分布在不同区域，企业总部则进入专门的总部经济园区。

四 长江三角洲地区产业园区发展中存在的主要问题

产业园区的建设运营是一项复杂的系统工程，不仅投入周期长、收益见效慢，还需要面对政策风险、经营风险、财务风险、产业投资风险、人才缺失风险等诸多问题。本报告重点关注长三角园区产业与产业园区一体化发展问题，突出表现为以下三个方面：一是产业园区主导产业同质化明显，未来风险与机遇并存；二是产业园区产业外移有加速趋势，部分地区产业链面临脱节和空心化风险；三是市场化程度与产业制度不统一导致产业园区发展无序化。

（一）产业园区主导产业同质化明显，未来风险与机遇并存

从整体看，长江三角洲地区产业园区产业结构趋同现象比较明显，主导产业集中在装备制造（包括通用设备）、电子信息与电子设备、汽车及汽车零部件、新材料、生物医药与生命健康产业、石油和化工产业、新能源、精密机械、光电与光伏产业、纺织服装产业。这主要是由于长期以来长三角地区在资源禀赋、区位条件、产业基础和技术能力方面相近，在产业园区发育成长的很长一段时间里，各地为了追求本地产业快速成长和GDP的快速增长，各产业园区对未来功能定位和产业发展潜力没有科学的规划和预判，在园区的招商引资上没有明确的约束和指导清单，对所有产业项目都是积极争取落地在各自园区，甚至采取不当竞争，盲目提高招商优惠政策程度，导致同一产业在不同的园区纷纷落地，不同园区对同一产业发展盲目地跟随，导致长三角地区产业园区主导产业同质化严重。

举例来说，上海在"十二五"期间曾经率先提出重点发展的主导产业包括新一代信息技术、高端装备制造、生物医药、新能源、新材料、智能电网等产业，并对先导性产业节能环保、新能源汽车等产业进行重点培育；而江苏省"十二五"期间则提出重点发展的主导产业包括新能源、新材料、生物技术和新医药、节能环保、软件和服务外包、物联网和新一代信息技术六大新兴产业，同时还要对高端装备制造、光电、智能电网等新兴产业进行重点培育，除了软件和服务外包、物联网与上海的主导产业存在一定区别外，其他主导产业基本一致；浙江省除了重点发展信息网络特别是物联网产业与其他两地存在一定区别外，也将新能源、新材料、生物医药、节能环保等战略性新兴产业视为主导产业进行重点发展。单纯从字面上就可以看出，三地的产业发展基本一致，如果没有顶层指导协调，这些产业在所辖园区就不会从产业链协同的角度布局与协作，必然

会导致无序竞争和产业园区主导产业的同质化。从产业规划的研究制订来看，三地的产业规划明显缺乏顶层协调。

从统计数据上进一步印证了这种现象。从长三角地区"三省一市"开发区公告发展重点产业同质化现象表可以看出（见表5-5），据不完全统计，2018版公告目录公布的苏、浙、皖三省国家级开发区中以装备制造为主导产业的多达58家，以电子信息与电子设备为主导产业的产业园区有49家，以汽车及汽车零部件为主导产业的园区有30家，以新材料为主导产业的园区有27家，以生物医药与生命健康为主导产业的园区有22家，以石油和化工产业、新能源、精密机械、光电与光伏产业、纺织服装产业的产业园区数量也都高于10家，产业园区主导产业趋同程度也非常高。同时，伴随近40年来长三角地区产业园区的快速发展，产业园区在数量及规模均成倍增长，但是园区发展质量没有显著提升，产业园区的主导产业特征不明显、产业园区特色功能不突出，同时还出现了园区布局密度过于密集，无序恶性竞争日益凸显，园区产业结构日益趋同，区域资源环境压力、环境风险防控难度增大，累积环境影响持续加重。[8]

表5-5 长三角地区"三省一市"开发区公告发展重点产业同质化现象

园区主导产业名称	园区个数				
	江苏	浙江	安徽	上海	合计
装备制造（包括通用设备）	32	11	10	5	58
电子信息与电子设备	25	8	10	6	49
汽车及汽车零部件	10	8	9	3	30
新材料	11	8	4	4	27
生物医药与生命健康产业	11	5	4	2	22
石油和化工产业	5	7	2	1	15
新能源	8	3	1	1	13
精密机械	10	2	0	0	12
光电与光伏产业	8	2	1	0	11
纺织服装产业	7	4	0	0	11

资料来源：笔者根据统计数据整理。

产业同质现象对长三角产业一体化既是机遇，也是挑战。一方面，长三角区域各开发区（产业园区）的产业同质化，使本已形成的产业链不能及时形成规模效应，导致长三角区域内资源配置效率和产业协同化程度降低，虽然制约产业园区的竞争力和发展质量提升。同时，在一定程度上阻碍了产品和要素的合理流动以及各类资源的最优配置，不利于区域内产业分工合作的开展，影响了长三角地区进一步高质量发展。但是从另一方面讲，自中央宣布长三角区域一体化上升为国家战略后，长三角各省市和各开发区正在认真贯彻中央决策，原本的同质竞争使得长三角各开发区更容易聚焦共同产业领域，产业向异地联动、一体化方向发展的基础条件更加充足，使得未来长三角地区产业园区转型升级与产业结构调整面临的风险与机遇并存。

（二）产业园区产业外移有加速趋势，部分地区产业链面临脱节和空心化风险

尽管从全球范围内看产业梯度转移不可避免、趋势不可逆转，但产业梯度转移的路径在很大程度上受到全球、全国经济形势等诸多因素的影响。特别是从此次国际经贸环境突变和中美贸易摩擦来看，我国的制造业总体上仍处在全球产业链的中低水平，与世界发达国家制造业强国在技术研发、产品质量控制上差距明显，尤其是在芯片、高精度机床、航空发动机等行业差距十分明显；同时我国制造业发展又面临其他发展中国家的追赶，传统规模优势不断衰减，周边国家尤其是东南亚的越南和印度对中国制造业的竞争压力逐渐加大，尤其在此次贸易摩擦和疫情的双重影响下，部分加工制造业开始将产能转移出中国，使得中国制造业发展在全球制造业市场上面临两端受压的不利局面。这一定程度上也影响了长三角地区产业园区在产业区域内协同联动、一体发展的进程，长三角制造业产业梯度

转移的良性承接还有待进一步强化,从 2020 上半年指标来看,长三角地区园区虽然实现了尽快复工,但是未来前景依然不乐观。总结起来,从全球看,经济全球化遭遇波折,一些国家对我国进行遏制围堵,导致了包括长三角地区的国内制造业引进国外先进技术难度加大,中国企业进行海外并购也受到限制,上海高端产业和先进制造业发展的难度加大。从全国看,受要素成本上升、一些地区区位优势不足、跨国公司重新全球布局等因素影响,出现了部分产业由东部沿海省市直接向境外其他发展中国家转移的情况。从长三角地区自身看,由于缺乏统一的规划,长三角周边省市与上海重点发展产业之间的产业链匹配度、啮合度都还不够高,出现了部分产业由上海、浙江省、江苏省跳过周边省市直接向中、西部转移的情况。如果只是向中、西部地区转移对我们不造成威胁,可怕的是部分企业直接转移到国外,这将对我国制造业发展造成严重影响。

园区形成增长极的过程伴随着内在的发生规律,增长极的形成过程就是逐步突破空间地理限制,跨区域发挥平台作用的过程。[9] 中信证券指出,宏观维度,中国制造业在全球产业链中依然占据核心位置,依托中国国内市场、完备的制造业产业体系、庞大的高素质产业工人队伍以及较为完备的供应链体系,中国制造业仍有优势集中体现在中、下游加工制造领域。2020 年,全球疫情突发并持续蔓延,中美贸易摩擦尚无缓解迹象,逆全球化趋势不可避免。各国为了控制疫情和保护本国产业发展,提高贸易壁垒、民粹主义和贸易保护主义日益抬头,针对中国的围堵日益严峻,必将从进口和出口两个渠道对我国工业生产造成冲击,静态极端假设下,预计海外疫情将拖累我国单季度工业增加值约 2 个百分点。产业维度,短期需求受到的冲击大于供给,受疫情影响较大的产业为电子(半导体)、计算机、机械(零部件、机器人等)、汽车(零部件和新能源锂电设备)等,冲击相对有限的产业为家电、通信、石油石化、有色金属与新材料等。而这些产业都是长三角园区的重点和主导产业，随着全球贸易格局的剧变，未来长三角地区园区产业外移有加速趋势，产业链面临脱节风险

（三）市场化程度与产业制度不统一导致产业园区发展无序化

总体来看，京津冀地区、长三角地区、粤港澳大湾区的整体综合效率水平相近，各自呈现出不同的产业园区发展特点。[10]在产业发展上，尽管国家在许多方面有统一的政策和标准，但长三角区域内各园区经过长期的改革探索，已在开发建设、投资投产、设备改造、技术创新、人才激励、招商运营等产业园区发展培育政策制度方面形成了许多的差异性、配套性政策，比如在产业准入、用地考核、优惠条件、财政补助、人才招引等方面，不同园区有较大的差别，特别是在各地工业稳增长压力逐渐加大、优质产业项目资源缺乏的大背景下，招商引资竞争加剧导致比拼土地价格和优惠条件的情况，在各产业园区招商运营过程中仍然比较普遍，一定程度上导致了产业园区竞争的无序化，阻碍了长三角园区间产业一体化发展的进程。

一方面相比于粤港澳大湾区，近年来，长三角区域产业结构和市场结构逐渐僵化、固化，导致了产业园区行业市场化程度不高、市场活力不足，从而导致长三角部分区域产业园区行业的效率低下，尤其是苏北的部分园区。另一方面由于历史的原因，长三角区域大部分园区都是属于政府主导开发，这也导致了园区发展的专业性、智慧化不足，一段时间曾存在招商引资过程中，政府追求的短期政绩与园区长远发展存在矛盾，与市场情况背离，缺乏对产城融合的理解，缺乏市场化的规划无法落地。

五 推进长江三角洲地区产业园区经济高质量发展的政策建议

产业园区发展转型属于推进我国经济发展提质升级、保障经济安全的国家级战略内容,产业园区发展转型升级的实质是我国经济发展体制机制创新,深化改革开放,探索政策试点,为推广示范积累成功经验的重要先行区。全球贸易竞争格局正在发生变革,国际制造业产业分工格局正在重塑,新一轮工业革命和产业组织变革与我国加快转变经济发展方式形成历史性交汇。着力推进"中国制造2025"实施,推进制造业发展全面升级,也迫切要求中国产业园区进行与之适应的转型升级。新形势下推进长三角地区产业园区转型升级将表现在以下四个方面:一是联动国家战略并加强顶层设计推动产业园区高质量发展;二是通过先进制造业与现代服务业融合推动产业园区集约型化转型升级;三是通过新工业革命技术与智能制造应用推动产业园区智慧化转型升级;四是通过推进产业链共融,打造长三角地区产业一体化发展载体。

(一)联动国家战略并加强顶层设计推动产业园区高质量发展

把推进长三角园区产业一体化发展与长三角一体化发展、自贸试验区、全球有影响力科创中心建设等国家战略联动,与沪苏浙皖承担的其他国家战略叠加。完善长三角自贸试验区网络。推进自贸试验区建设是以开放倒逼改革、以改革促进发展的重大战略举措。相比之下,江苏尚未纳入全国自贸试验区体系,要积极申请。同时,产业园区作为改革开放的重要载体,要加快落实《国务院关于推进国家级经济技术开发区创新提升打造改革开放新高地的意见》的要求,积极复制推广自贸试验区在制度创新、政策创新、管理创新上的成功经验,积极开展符合各产业园区发展方向的自贸试验区相关领域改革试点。特别是应该结合长江三角洲一体化示范区建设推进,适时探索建立长三角跨区域的自贸试验区,在进一步丰富全国自贸试验区形式和网络中推进长江三角洲产业园区的一体化联动发展。共同谋划和发展好一批区域性科技创新中心。产业的升级离不开科技创新。借鉴国外经验,上海科创中心建设大致可以分成核心功能区、主体承载区、联动发展区的圈层空间结构。建议在上海加快向全球有影响力的科技创新中心进军的同时,发挥南京、杭州等城市科技创新资源集聚的优势,以及浙江省民营经济创新创业活力强劲的优势,推进沪苏浙皖科技创新联动,协同共建大科学设施,共同谋划和建设一批区域性科技创新中心,成为上海科创中心的重要联动区,以科技成果转移转化的协同推进引领长三角园区产业的一体化发展。

重点是做好长三角园区产业一体化发展规划,推进产业发展体制、机制、政策和标准等的一体化、一致化,避免恶性竞争与无序发展。做好长江三角洲地区园区一体化发展的产业总体规划,并制订实施长三角制造业协同发展规划,对长江三角洲地区资源禀赋、要素、区位条件相同、相近的地区,在规划产业园区和推进产业转型升级过程中,切实做好产业链分工,明确产业园区发展定位,打造战略产业园区集群;产业园区管委会或上级管理部门要强化功能区规划、产业空间布局、功能设置等方面的管理与协调,努力在各个产业园区之间构建分工、互补的产业格局,引导其差异化、特色化发展,推进相关产业园区产业链一体化联动。同时,制定长期的产业园区招商策略,从差异化定位做起,从产业园区功能定位上规避无序竞争。

逐步推进产业发展制度和标准的一体化。长三角一体化发展,核心在于体制机制,重在制度创新,要逐步推进政策和标准的衔接。在推进示范区产业制度一体化过程中,要立足于为今后长三角及全国区域产业一体化发展提供可复制、可推广的经验,同时充分考虑三地实际,处理好一体化与个性化、特色化的关系，在坚持顶层设计的基础上，坚持先易后难的思路分步推进。当务之急就是研究形成示范区一体化的制度清单和标准清单，为今后几年一体化工作提供具体的操作方向。同时，逐步探索建立跨区域统筹用地指标、盘活空间资源的土地管理机制，统一企业登记标准、实行企业等级无差别办理等，探索建立跨区域投入共担、利益共享的财税分享管理制度，实行不受行政区划和户籍身份限制的公共服务政策等，以重点领域一体化发展制度带动产业的一体化、集约化发展。

（二）通过先进制造业与现代服务业融合推动产业园区集约型化转型升级

中国改革开放的实施顺应了产业发展空间布局的科学规律，将经济发展中心与产业布局向沿海、沿江等交通便利、人才与科技资源充足和区位优势明显的地区集聚，同时，出口加工和国际贸易的快速发展加强了中国主要港口的集聚力，从而在长三角和珠三角等东部沿海地区涌现大量新兴城市。临港产业园区作为长三角地区临港经济发展的重点和关键，对发挥"集聚效应"提高区域竞争力、辐射腹地经济增长、实现规模效应等具有重大的作用。[11]

产业园区转型升级的重要一环就是转变园区经济的发展方式，推动园区内产业实现转型升级。产业转型升级需要产业园区在运营招商的环节上要有前瞻性，瞄准未来市场与未来产业发展方向，重点引进对未来经济社会有重大影响的战略新兴产业、未来技术产业在园区内落地。重点从数字融合、智能融合、产融结合、产城融合四方面，持续推动长江三角洲地区产业园区跨越式融合协调发展，实现园区发展质量升级。同时，要积极实现园区由单纯生产功能向服务功能以及城市功能方向升级，完善园区服务功能，及时配套现代服务业，集聚人气，充分实现产城融合发展，避免产业孤岛和"睡城"现象发生。园区功能的完善和服务升级，不仅能够使产业园区得到转型，同时也为周边地区打造出新的经济增长极，这将是我国产业园区实现高质量发展的重要着力点。

未来一段时期，要着力通过先进制造业与现代服务业融合推动产业园区集约型化转型升级，打造产业功能完善的产业园区集群。逐步将长三角地区的产业聚集推动型与经营主体带动型的单一功能产业承载园区，转型成为科技创新驱动型、生态循环促进型、智能智慧引领型与服务功能支持拉动型，具有鲜明特色的现代化、高质量产业园区转型。通过推进产业园区生产服务融合化发展，提升长三角地区面向全球的产业吸引力和竞争力，吸引全球高端要素资源向长三角地区园区集聚。

（三）通过新工业革命技术与智能制造应用推动产业园区智慧化转型升级

随着新工业革命爆发和信息技术的发展，大数据、互联网、人工智能等技术深入人们的工作生活，新技术的作用越来越凸显并不可替代，在消除信息不对称的同时还在改变着人类工作与生活方式，面对新技术革命的重大变革，产业园区转型升级更为紧迫。新工业革命带来的技术变革可以带动园区人才、信息、资金、数据等各类要素的链接，依托产业园区链接城市、链接创新、链接服务、链接生活，改造传统产业园区，将大数据、互联网、人工智能等技术资源整合到产业园区里面，对产业园区内企业进行更优质的服务，让开发区、产业园区自身产生裂变，实现本身的升级。同时，新技术与智能制造的应用可以将传统产业园区打造成新式智能、智慧园区，解决产业园区面临的恶性竞争和产业同质化严重的问题，将以往的资源招商型产业园区向品牌经营型产业园区转变，将企业集中型产业园区向产业集聚型产业园区转变，从而实现传统园区向智能、绿色、智慧化园区的成功转变。新工业革命带来的新技术既是未来产业园区转型升级的支撑，也是指引未来产业园区升级的发展方向。

借助以大数据、互联网、人工智能等为代表的新工业革命技术，推动长三角地区产业园区产业从传统型转向现代适用型、科技领先型和经济实用型转型主要从以下两个方面的路径发力。一是基于大数据、互联网、人工智能等技术的发展，通过新技术和模式重新构建产业组织与生态，实现产业价值链的进一步分解和重新组合，依托传统产业园区衍生出平台经济、产业众筹、众包等新的园区发展模式，推进产业园区转型。利用新技术进一步强化产业园区现有的比较优势，通过新技术应用改造传统产业，利用智能制造与大数据、信息技术应用重新实现产业组织优化，巩固其作为制造业重要承载基地的优势地位，提升产业园区产品的高科技含量和附加值[12]。二是基于新工业革命技术的加速推广应用，通过推进产业园区打造智能化、柔性化、开放化OEM制造业平台，实现对产业园区内制造业的智能化改造，逐步形成基于新技术的产业园区内部与产业园区间的分工协作，进而推进产业园区转型升级。新工业革命以来，工业化和信息化的融合发生了质的变化，由互联网制造、智能工厂、工业机器人、3D打印、大数据、人工智能等新技术应用推动的产业智能化革命已经到来，必然要求传统工业园区要加快推进产业园区智能化改造来提升其产业承载能力。从产业园区间协作来看，依托大数据支撑进行产能优化重组，整合长三角地区产业园区原有基础设施与创新孵化器，可以打造智能化、柔性化、开放化的共享制造平台。

（四）通过推进产业链共融，打造长三角地区产业一体化发展载体

通过体制机制创新与融资改革推动产业园区高效化、平台化转型升级。一方面通过体制机制创新提升产业园区运营与资源配置效率；另一方面通过投融资改革盘活长三角地区产业园区原有资源存量。充分发挥市场对经济调节的基础性作用，以产业政策为引导，打通壁垒，促进各类要素资源自由顺畅地流

动，进一步促进长江三角洲地区产业园区专业化市场的形成。

共建一批"飞地"产业园区。通过共建园区、产业飞地推进长三角地区溢出效应向长江中上游辐射，推动向产业项目在长江经济带和我国西部地区间转移，实现产业国内转移承接的边际利润最大化，从而促进区域经济协调发展。以实质性合作和联动的载体建设，加快推动长三角园区产业的一体化发展。建议借鉴上海市北高新（江苏南通）科技城、上海外高桥（启东）产业园、上海漕河泾新兴技术开发区海宁分区等上海与长三角周边省市合作共建园区的经验做法，加快深化长三角开发区合作和园区共建，深化产业协同、招商联动和利益共享，以此为依托进一步建立健全常态化、专业化的产业协作机制，加快长三角地区各级、各类产业园区主导产业与上下游相关产业和配套产业的融合与集聚发展步伐。

专栏 5-1　长江三角洲区产业廊道建设

在长三角地区推进建设一批产业园区廊道。从国际经验来看，科技创新和新兴产业高度发达的地区在空间布局上通常呈现沿路集聚的"廊带"特征。从国内发展趋势来看，近年来各地分别规划了广深科技创新走廊、杭州城西科创走廊、合肥环巢湖科创走廊、G60上海松江科创走廊[13-14]，有力地带动了区域产业一体化发展，其中G60科创走廊①已经从上海

---

① G60科创走廊沿线是中国经济最具活力、城镇化水平最高的区域之一。G60科创走廊包括：上海、嘉兴、杭州、金华、苏州、湖州、宣城、芜湖、合肥9个城市，覆盖面积约7.62万平方公里。G60科创走廊将在深化产业集群布局、加强基础设施互联互通、推进协同创新、推动品牌园区深度合作和产融结合、推广科创走廊"零距离"综合审批制度改革成果等方面发力，建成长三角地区具有独特品牌优势的协同融合发展平台。从更高层面看，G60科创走廊将扮演长三角更高质量一体化"引擎"的角色，成为区域内"中国制造"迈向"中国创造"的主阵地。

> 区域战略上升为长三角战略。建议借鉴国内外产业廊道建设经验，深化完善长三角交通对接方案，依托G50、G42、临海临港等重要交通路网再打造一批长三角跨区域的产业廊道，加快上海的辐射带动作用，联动长三角更大区域。[15-18]

未来，国家对产业园区开发的重心将向提质增效、转型升级、功能完善、绿色发展方向转变，同时，对开发数量进行适度控制。产业园区开发过程中将更注重战略新兴产业、高新技术产业与创新型产业项目的引入，鼓励不同地区产业园区探索制造业转型升级的路径和模式，推进产业园区形成各具特色的先进智能制造业体系。

专栏5-2　打造长三角地区特色国家工业遗址公园和文创产业园区

共建长三角地区特色国家工业遗址公园。根据《长江三角洲区域一体化发展规划纲要》提出的发展要求，着力建设高水平长江三角洲地区生态绿色一体化发展示范区。长三角地区制造业文化底蕴丰厚，是我国制造业发源和聚集地，孕育了我国最早的一批制造业企业，长三角地区生态绿色发展要充分发掘这些制造业文化和工业文明资源，依托长江三角洲地区工业文化和生态资源优势，协同"三省一市"共建在安徽、上海、南京等地选择一批产业园区工业遗址。伴随部分传统园区的淘汰，要摒弃之前将工业园区荒废获彻底拆除的开发模式，充分挖掘工业遗址的文化价值和厂房空间再利用价值，突出特色资源打造国家工业遗址公园和文创产业园区，将工业文化资源转化为经济社会发展优势，发展特色工业旅游和会展、文化创意产业，在实践中摸索"绿色一体化发展"新模式，着力推动长三角园区产业实现生态绿色的高质量一体化发展。

参考文献

[1] 王舒宁:《长三角一体化发展示范区经济发展模式与路径》,《科学发展》2020年第4期。

[2] 孔令池、洪功翔:《从政府主导转向多元联动:长三角地区高质量一体化发展的推进逻辑》,《中共南京市委党校学报》2020年第2期。

[3] 范晓:《上海科技园区与周边长三角城市合作建园现状及对厦门的启示》,《厦门科技》2019年第5期。

[4] 张云伟、江海苗:《新形势下深化长三角园区一体化合作机制》,《科学发展》2019年第8期。

[5] 陈晨:《长三角一体化背景下深化沪善科技合作的对策研究》,《嘉兴日报》2019年8月18日。

[6] 王树华:《长三角一体化发展背景下制造业转移的行业选择》,《现代经济探讨》2019年第12期。

[7] 程志文:《长三角地区合作共建产业园区现状及启示》,《黄冈日报》2016年9月1日。

[8] 黄丽华、姜昀、陈帆、祝秀莲、郑雯、仇昕昕:《长三角园区发展亟待解决的资源环境问题与对策》,《环境影响评价》2018年第40(04)期。

[9] 夏岩磊:《长三角农业科技园区建设成效多维评价》,《经济地理》2018年第38(04)期。

[10] 寇小萱、孙艳丽:《基于数据包络分析的我国科技园区创新能力评价——以京津冀、长三角和珠三角地区为例》,《宏观经济研究》2018年第1期。

[11] 张婷:《长三角地区临港产业园区研究综述》,《中国海洋学会》,中国海洋学会2013年学术年会第13分会场论文

集。中国海洋学会：中国海洋学会海洋经济分会，2013年。

［12］张嘉鑫：《以跨江融合推进长三角一体化中产业园区发展》，《经济参考报》2020年6月16日。

［13］黄传霞、张浩：《关于G60科创走廊八城市深度参与、推动实施高质量发展的考察报告》，《中共合肥市委党校学报》2019年第2期。

［14］高骞、吴也白：《上海高质量发展战略路径研究》，《科学发展》2019年第3期。

［15］彭萌萌：《苏州主动融入长三角一体化发展的路径分析》，《中国产经》2020年第2期。

［16］陈鸿应、汪雍诚：《应对国际经贸风险 推动产业高质量发展 长三角区域化工行业协同应对国际经贸摩擦》，《上海化工》2019年第44（10）期。

［17］陈秋凤：《长三角一体化发展中高质量承接产业转移研究——基于对安徽省宣城市的调研分析》，《财政科学》2019年第9期。

［18］王松柏：《工业园区高质量发展研究——以安徽省铜陵市为例》，《铜陵学院学报》2019年第18（02）期。

［19］刘佳骏：《产业园区转型升级的政策建议》，《中国房地产》2020年第8期。

［20］刘佳骏：《中国产业园区转型升级历程与政策建议》，《重庆理工大学学报》（社会科学）2019年第33（09）期。

［21］刘佳骏、汪川：《"一带一路"沿线中国海外合作园区建设与发展趋势》，《清华金融评论》2019年第9期。

［22］刘佳骏：《"一带一路"沿线中国海外园区开放发展趋势与政策建议》，《发展研究》2019年第8期。

［23］刘佳骏：《以绿色制造推动长江经济带产业转型升级》，《中国城乡金融报》2018年5月18日。

［24］刘佳骏：《长江经济带产业转移承接与空间布局优化策略

研究——基于长江经济带11省市产业发展梯度系数与承接能力指数测算》，《重庆理工大学学报》（社会科学）2017年第10期。

[25] 刘佳骏：《长江经济带产业转移战略构想》，《上海证券报》2016年8月5日。

[26] 张嘉鑫：《以跨江融合推进长三角一体化中产业园区发展》，《经济参考报》2020年6月16日。

[27]《长江三角洲区域一体化发展规划纲要》江苏实施方案，新华日报，2020年4月1日。

[28] 杨芮：《聚力打造金融发展新高地》，《中国城乡金融报》2020年2月24日。

[29] 翟令鑫、段进军：《长三角一体化背景下开发区发展研究——以苏州工业园区为例》，《中国名城》2020年第2期。

[30] 闫东升、杨槿：《长江三角洲人口与经济空间格局演变及影响因素》，《地理科学进展》2017年第36（07）期。

[31] 沈开艳、陈建华、邓立丽：《长三角区域协同创新、提升科创能力研究》，《中国发展》2015年第15（04）期。

[32] 杨培强：《融入上海大经济圈，发展嘉兴开放型经济的环境分析》，《嘉兴学院学报》2003年第4期。

[33] 南京海关课题组：《海关支持综合保税区高水平开放高质量发展研究——以江苏省综合保税区为例》，《海关与经贸研究》2020年第41（01）期。

[34]《以高水平对外开放促进制造业高质量发展》，人民政协报，2019年6月19日。

[35] 孔秀明：《长江经济带战略对长三角一体化的影响》，《商讯》2019年第10期。

[36] 蒋媛媛：《长江经济带战略对长三角一体化的影响》，《上海经济》2016年第2期。

[37] 曾菊芬：《不同技术来源对中国制造业高质量发展的影响研究》，安徽财经大学，2020年。

第六章 粤港澳大湾区产业园区经济发展现状及比较

李 鹏

粤港澳大湾区作为世界级城市群，由珠江入海口区域构成，总面积5.6万平方公里，包括香港、澳门两个特别行政区以及广州、深圳、东莞、佛山、珠海、江门、中山、惠州、肇庆九市，是中国经济实力最强、对外开放程度最高的区域之一。[①]2016年12月，国家发展和改革委员会率先提出了2017年启动珠三角湾区等城市群规划编制，建立湾区城市群之间的合理分工协作关系。2017年7月，在习近平总书记的见证下，国家发展和改革委员会以及粤港澳四方签订了《深化粤港澳合作 推进大湾区建设框架协议》，正式拉开了粤港澳大湾区建设的序幕。2019年2月，国务院进一步发布了《粤港澳大湾区发展规划纲要》，对该地区的战略定位、发展目标以及空间布局做了全面规划，标志着粤港澳合作进入了协同发展的全新阶段。

一 粤港澳大湾区园区总体情况

产业园区是培育先进产业、推动区域发展的重要载体和发

[①] 根据2018年统计数据，粤港澳大湾区总人口接近7000万，占全国GDP的比重超过12%，人均国民生产总值15.62万元。

展引擎。目前，在粤港澳大湾区中，珠三角九市重点推进大型骨干企业和特色优势企业，尤其推进加工制造环节、增资扩产以及转型升级项目，不断增强产业配套能力。从产业园区的发展现状看，珠三角地区的产业园区数量稳步增长，截至2018年年底，广州拥有产业园超过107个，深圳超过200个，东莞与佛山的产业园数量更多，分别为293个和1025个。产业园区的快速增长促使该地区成为中国产业集约化程度高、集群优势明显、特色鲜明和功能布局日益完善的典范。未来产业园区还会在粤港澳大湾区的发展中发挥更为重要的作用；香港是著名的国际金融中心以及国际资产管理中心，以金融服务、旅游、贸易以及物流为传统优势产业，澳门是国际旅游中心，以博彩为主导产业，2019年博彩及博彩中介业增加值占地区GDP比重为50.25%，两地服务业主导特征十分明显，服务业增加值占比均在90%以上。由此，粤港澳三地已形成了先进制造业和先进服务业为主的产业结构，产业体系较完备，产业结构互补性强。

（一）工业总量迈上新台阶，高技术产业相对发达

由于港澳两地主要以服务业为主，制造业或高技术产业主要集中在珠三角地区。从工业生产总量看，珠三角地区的工业总产值位居全国前列，2018年广州、深圳分列第4位和第5位。从时间趋势看，大部分城市的工业产值均有不同程度的增长，其中2012—2018年间，东莞与江门的增速尤为显著，分别增长了7.8倍和5.6倍。

表6-1　　　　　　各城市工业总产值（亿元）

城市	2012年	2013年	2014年	2015年	2016年	2017年	2018年
广州	3187.92	3501.41	3610.18	3943.66	3903.52	4167.44	6880.82
深圳	4693.60	4815.94	4920.14	3678.99	4292.37	4333.14	8225.99
珠海	1554.73	1735.39	1897.37	2146.19	2224.14	1826.68	2132.20

续表

城市	2012年	2013年	2014年	2015年	2016年	2017年	2018年
惠州	1895.64	2504.27	2490.94	2490.94	2313.37	2645.62	2417.55
中山	1514.57	1593.16	1705.05	1834.16	2112.87	1504.26	1471.28
佛山	2450.59	2953.72	3425.52	3499.80	3805.02	3927.66	3965.28
肇庆	598.76	728.16	827.78	849.55	919.07	598.78	514.59
江门	156.97	296.98	345.85	577.13	603.09	807.71	1032.35
东莞	483.96	709.09	1261.09	1590.95	2260.09	3088.12	4269.08

近年来，珠三角地区高技术产业发展较快，已成为全国重要的创新基地。2018年，京津冀、长三角、珠三角地区高技术企业数量占工业企业数据的比重分别为8.5%、8.9%、18.0%。由此看来，珠三角地区的高技术产业占比明显高于全国平均水平，而且其产业主要集中于电子信息制造业。

表6-2　　　　　三大城市群高技术产业发展比较

区域	高技术企业数量（家）	占工业企业数量比重（%）	高技术企业营业收入（亿元）	高技术企业营业收入占工业的比重（%）
京津冀	1901	8.5	9577	12.5
长三角	10138	8.9	45215	16.5
珠三角	8525	18.0	46747	34.5

（二）创新驱动日趋增强

大湾区创新驱动发展日益增强，无论从创新投入乃至创新产出均有长足发展，经济增长新动能换挡明显加快。目前，珠三角形成了以广州、深圳为主的创新示范区（见表6-3）。一方面，从研发投入看，2018年珠三角规模以上工业企业研发投入接近2000亿元，占规模以上工业增加值的7.2%，高于广东省整体水平；研发从业人员达75.05万人。另一方面，从研发产出成果看,发明专利授权量达51658件,其中广州和深圳两个城市占绝对优势,占比为62.15%。整体看,珠三角创新活动在不同城市中的异质性非常明显。

表6-3　　　　　　　　各城市工业创新状况

地区	R&D 经费投入（亿元）	R&D 人员数（万人）	有R&D活动的企业数（家）	有研发机构的企业数（家）	发明专利申请量（件）	发明专利授权量（件）
广州	267.27	9.56	1865	2132	50169	10797
深圳	966.75	28.94	3488	4347	69969	21309
珠海	82.77	3.08	527	485	13139	3452
佛山	235.17	9.33	2881	3406	29709	5058
惠州	221.24	11.2	2822	3943	24674	6716
东莞	59.28	3.66	966	992	8165	1875
中山	38.35	3.01	1041	1249	4089	712
江门	89.32	5.02	786	712	5222	1445
肇庆	22.03	1.25	431	444	2146	294

（三）基础配套日趋完善

从产业配套看,珠三角地区已成为高技术企业的密集区,形成了一家龙头企业带动多家中小企业以及相关企业发展的良好格局,产业配套环境的良性循环态势已经显现。从交通设施看,珠三角区域交通基础设施取得了显著成就,连接区域内主要城市的骨干网络基本形成。截至2019年年底,广东省依然蝉联全国高速公路通车里程数最多的省份,珠三角地区的高速公路密度仅次于纽约;国家规划枢纽的重点港口中,有一半分布在大湾区,万吨级以上的内河航运码头和沿海港口码头分别为7个和271个。从机场建设与分布看,拥有20多个机场,香港国际机场与广州白云机场作为全球知名航空货运中心,均为亚洲最大的机场之一。成品油管道与天然气管道也不断完善,广东省天然气管道主要集中在珠三角地区，9个城市均已通达。目前省级天然气管网一、二工程均已投产，管线为619公里；预计于2020年年底完成粤东、粤西、粤北共839公里的天然气主干管网项目，届时将实现全省"一张网"互联互通。交通、能源等基础设施的日益完善为园区规模的进一步扩张和高质量发展创造了有利条件。

（四）产业发展呈现新亮点

目前，粤港澳大湾区整体形成了分工明确的产业发展格局，港澳两地的制造业比重均在1%左右，以服务业为主，占比均在90%以上。香港致力于推动服务业高端化，金融业占地区生产总值额比重在2000—2018年间由12.8%增至19.7%，是名副其实的全球金融中心；从2008年起，香港特区政府提倡优先发展医疗服务、检测认证、创新科技、文化创意、环境保护以及教育6大优势产业。珠三角9市大力推动创新，高端制造业发展迅速，已经基本形成以电子、汽车、通用设备制造业等优势产业为主导的产业格局，各地主导产业各有特色和侧重，已形成了一大批以人工智能、电子加工、新材料、生物医药、石油化工、新能源汽车为主的特色产业集群。

（五）品牌建设取得新成就

全球化背景下，品牌是国家综合竞争力的重要象征。粤港澳大湾区是具有全球影响力的先进制造业基地和现代服务业基地，在特色产业集群的基础上，涌现了如华为、格力、TCL集团等一大批科技型和制造型民族著名品牌，并在世界范围内具有广泛的影响，向全球展现出大湾区民营企业的活力与张力。2019年《财富》全球500强企业榜单显示，珠三角地区有19家企业上榜，其中民营企业有7家，比重超过一半。

(六) 营商环境持续优化

营商环境是推动区域高质量发展的重要保障，是区域治理水平的突出标志。粤港澳大湾区重视优化营商环境，是中国最具活力的区域之一。其营商环境的改革力度乃至成效均位居全国前列，催生了大量的市场主体。根据《2019 粤港澳大湾区营商环境调研报告》，珠三角地区的营商环境的企业满意度在 77%以上，各城市的企业满意度均在 70% 以上。值得一提的是，近年来，广东的政务服务改革力度全国领先，在大幅压缩行政审批环节（开办企业、纳税、不动产登记、获得水电气等）、降低税费、降低中小企业融资门槛、切实解决用地紧缺等方面进行了不懈的努力和探索。其中，商事登记与获得水电气的受访企业满意度均在 85% 以上。2019 年 5 月，佛山率先启动了粤港澳大湾区"湾区通办"政务服务，标志着大湾区互联互通迈出重要一步。

二 粤港澳大湾区各城市园区主导产业发展现状

当前，粤港澳大湾区制造业较为发达，但除深圳外，大多以中低端制造为主，未来将着力构建创新中心、先进制造业和现代服务业基地。从各地产业布局看，珠江西岸的广州、佛山、中山和珠海基本形成了电器机械产业集群，还包括新材料、新能源、电子加工等技术密集型产业；珠江东岸则分布着著名的电子信息产业集群，坐落在深圳、东莞等地，以人工智能、电子通信等知识密集型产业为主；沿海一带大力发展先进制造业（如医疗设备等）和现代服务业，以生态环保为特征。随着《粤港澳大湾区发展规划纲要》落地，未来大湾区内各城市将充分发挥各自优势，推动中低端制造业迁出，大力发展以新兴产业为主的产业园区和产业集群，重点布局人工智能、生物医药、新能源汽车三大主导产业。根据《广东省新一代人工智能发展规划（2018—2030）》，广州、深圳、珠海将被作为人工智能产业的核心基地。以下阐述粤港澳大湾区各城市的园区主导产业。

广州作为经济、政治和文化中心，是大湾区的重点城市，交通便利发达，产业园区发展迅速。园区产业主要以汽车生产制造，计算机、通信和其他电子设备制造业，通用设备制造业，以及石油加工、炼焦和核燃料加工业作为主导产业，2018年四种产业增加值占制造业增加值的比重分别为30%、9%、7%、7%，化工产业与食品业也占有一定地位。根据最新统计数据，在107个产业园中，工业园区占70%左右，主要分布在番禺区、增城区、南沙区等郊外区域。从各区的分布情况看，根据2018年数据，白云区（21个）分布最多，其次为南沙（19个），增城、花都、黄埔等均在10个以上，越秀、天河相对较少。目前，广州包含广州开发区、南沙开发区、增城开发区三大国家级开发区（占广东省国家级经开区数量的一半），以及花都开发区、云埔工业园、从化经济开发区、白云工业园4个省级园区，是该市先进制造与先进服务集聚的主要载体。其中，先进制造业集聚发展基地有15个，各类产业区块95个。对于广州，全市的园区工业产值超过全市工业总产值的60%，带动就业超过100万人。

值得一提的是，广州开发区是首批10个国家级经开区之一，面积88.77平方公里，立足于独特的区位、政策、体制优势，综合实力有了很大提升，2018年在国家级经开区综合发展水平考核评价中名列第二位，当年生产总值3465亿元，财税收入突破千亿元，为1052亿元。除了财税收入外，在近年来219个国家级经开区的比较中，广州经开区还在营商环境、科技创新、知识产权保护以及上市公司企业数等多个领域创造了多项"全国第一"。当前，该区内的主导产业为集成电路及关键元器件等高端电子信息产品制造、智能装备及机器人、新材料、石油化工、节能环保、生物医药等产业、生物技术与制药、高性能医疗器械、智能健康监测及康复设备等产业，跨境电子商务等生产性服务业等。

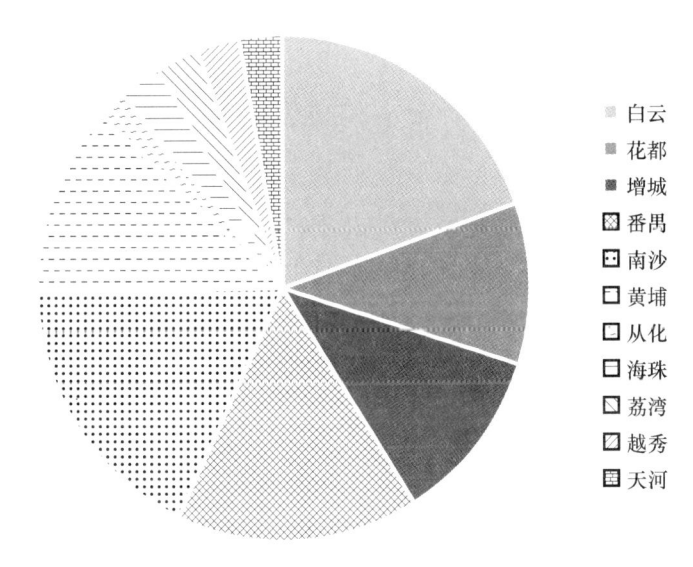

图 6-1 广州各区产业园区分布状况

资料来源：《广州市产业用地指南》（2018 年版）。

深圳与香港邻近，是粤港澳大湾区中的金融和创新中心。2019 年深圳市六届十二次全会的召开，标志着深圳开启了建设中国特色社会主义先行示范区。从深圳的产业结构看，2018 年其先进制造业增加值占工业增加值的比重超过 70%，同时，现代服务业在服务业中的比重也在 70% 以上。当前，深圳的支柱产业主要包括高新技术产业、现代物流业、金融以及文化创意产业。战略新兴产业包括新一代信息技术产业、高端装备制造业、绿色低碳产业、数字经济产业、新材料产业、海洋经济产业、生物医药产业；未来重点发展的产业有机器人、海洋产业、生命健康产业等，但在具体园区内存在一定的方向差异。

从发展状况看，2018 年深圳高新技术产业产值达 2397.71 亿元，持续实现快速增长，高新技术企业新增 3185 家，总量达

14415家，居全省第一，在全国大中城市中仅次于北京。产业园区主要包括深圳高新技术产业园、深圳软件产业基地等，涌现了一批著名的民族企业品牌，如华为、中兴等。难能可贵的是，与其他城市注重企业规模等招商要求不同，深圳更加注重园区的产业生态发展，注重差异化，不断推动园区向信息化、智能化发展，尤其鼓励和支持中小科技创新型企业集群的发展。以深圳高新区为例，其作为国家建设世界一流高科技园区的六大试点园区之一，创新资源丰富、成果显著、氛围浓厚。未来将以新能源汽车、生物医药、新一代信息技术作为主导产业，集聚了比亚迪、中芯国际等一批优质企业。

表6-4　　　　深圳各行政区当前新兴产业发展布局

行政区	新兴产业发展战略和布局
福田区	人工智能、生命医药、金融科技、微电子等新兴产业以及智能制造、科技创新等产业
南山区	信息传输、软件及信息技术服务业，大力发展核心芯片、医疗器械、生物医药、机器人、人工智能、微纳米材料与器件、新材料、数字经济、新一代信息技术、海洋电子信息、海洋高端装备、信息传输、软件及信息技术服务业
坪山区	新能源汽车、新一代信息技术、智能制造、智能网联交通、5G上下游产业
盐田区	供应链金融、跨境电商、现代航运服务业、智慧旅游、人工智能、机器人、产业互联网
龙华区	以人工智能为核心，以电子信息、智能制造、生物医药等为重点，以石墨烯、燃料电池等为前瞻布局的科技产业体系
罗湖区	5G、人工智能、生命健康、智慧零售、智能制造
宝安区	5G、人工智能、新一代信息技术、高端装备制造、数字经济、生物医药、绿色低碳
龙岗区	新一代信息技术、机器人、智能制造、集成电路、生命健康、生物
大鹏新区	生物产业、海洋经济、人工智能

东莞是粤港澳大湾区初具规模的先进制造业中心，2018年计算机、通信和其他电子设备制造业，电子机械和器材制造业，金属制品业增加值三者占全市制造业增加值的52%，且电子相关行业增加值占比在37%以上。这得益于其近年来出台的一系列有关政策，例如2018年7月出台了《东莞市重点新兴产业发展规划（2018—2025年）》要求，以新一代信息技术等五大领域为发力点，预计至2025年新型产业规模会超过4万亿元，并成为全球具有较大影响力的先进制造中心和创新型城市。

同时，其累计出台的创新创业和新兴产业发展政策20多项，形成了良好的创业创新环境，尤其是以国际一流标准推进政务服务体系建设和产业链配套齐全等，吸引了众多科技型企业入驻，2018年拥有的高新技术企业数量为5789家，在所有二线城市中居首位，位列全国第5位。目前，东莞拥有一家国家级高新区——东莞松山湖高新技术产业开发区，"总部基地+产业园"是其主要模式，先进制造业增加值占园区增加值的比重在90%以上。该开发区依托松山湖材料实验室、大科学装置散裂中子源研究中心等，全力打造松山湖科学城，与深圳光明科学城一同成为粤港澳大湾区的综合创新中心。重点发展高端电子信息、生物技术、新能源和现代服务业、机器人与智能装备。具体看，高端电子信息产业已经具备一定规模的产业集群，以华为等企业为代表；生物医药技术以东阳光药业、三生制药等为代表；机器人与智能装备产业入选科技部第二批国家创新型产业集群试点。

佛山地处珠江三角洲腹地，工业基础雄厚，是粤港澳大湾区重要的制造业基地，与广州一同构成了"广佛都市圈"。佛山制造业体系相对较完备，几乎涵盖了所有的制造业门类，以家用电器、家具、陶瓷为主，但光电、新材料、生物医药、机器人等新兴产业也在蓬勃发展。截至2018年，佛山拥有村级工业园约1025个，拥有一个国家级高新区，多个特色园区（南海区大数据产业园、顺德创意产业园、泛家居电商产业园、南宏汽车文化创意产业园等)。佛山高新区实行"一区五园，统一规划，分园管理，创新服务"的管理模式，是珠三角国家自主创新示范区的重要园区，同时也是国家创新型特色园区。2018年，园区实现生产总值1563.28亿元，税收收入210.29亿元。最新排名显示，佛山高新区在全国综合排名中为第25位。目前已经形成了汽车整车以及零部件制造、高端装备制造、光电三个千亿级产业集群，拥有96家世界500强企业进驻投资，高新技术企业为1512家，产业协作能力强，各主要行业的80%配件可实现就地配套，集聚了一汽大众、本田等一批知名企业。除了较完备的产业体系外，该园区的创新优势也较为突出，与中国工程院、清华大学等知名机构院校深度合作，同时也吸引一些优秀科技型企业落户，例如埃夫特机器人、华数机器人、哈工大机器人等。2018年园区实现专利授权量为6219件，拥有国家级孵化器14个，国家级众创空间13个。

惠州虽然工业起步相对较晚，作为一座新工业城市，其近年来发展迅速，在粤港澳大湾区中的地位不容小觑。电子信息和石化能源新材料是惠州的两大支柱产业，2019年这两大产业产值分别为3200亿元和2240亿元，尤其是液晶电视机、车载导航等产品产量甚至在世界上位居前列。作为全国7个重点石化园之一，惠州大亚湾石化基地的产业链相对较完善，连续五年位列中国化工园区第二名，已形成了多种产业链协同发展的格局，实现了炼油2200万吨/年的生产能力，化学产品就地转化率超过70%，驻有中海油、中海壳牌、科莱恩等多家名企，未来将成为大湾区化学生态圈的重要名片。与此同时，惠州也是国家电子信息产业基地，以手机、汽车电子、液晶彩电等终端产业为主，这些产业与其他很多产业链有关联，能够为新兴产业的进一步发展提供市场依托。除了两个支柱产业外，惠州也在积极培育生物医药和健康产业集群，发展中医药、生物医药、医疗器械产业，与现有的生态旅游联动发展。值得一提的是，广东省政府在近期发布的《关于培育发展战略性支柱产业集群和战略性新兴产业集群的意见》中，多次提及惠州，涉及绿色石化、智能家电、先进材料、软件与信息服务、生物医药五大战略性支柱产业集群。从园区发展看，惠州包括两个国家级工业园区，分别为仲恺高新技术产业开发区和大亚湾经济技术开发区。以仲恺高新技术产业开发区东江科技园为例，园区内现有高新技术企业67家，占企业总数的12.4%，重点发展智能制造、新材料、信息通信、健康医疗四大产业。

珠海地理区位优越，是大湾区中唯一同时与港澳陆路连接的城市。智能家电、机器人、高端装备、新一代信息技术、生物医药、高端芯片等是珠海的重要产业。其中，智能家电作为珠海的优势产业，涌现了如格力电器、飞利浦家电、汉生科技等一批知名企业。从产业园的布局看，东部主要为高新技术制造产业，侧重发展电子信息、智能制造、生物医药等，而西部地区主要培育生物医药、新能源汽车、先进装备制造、电子信息、石油化工等，横琴新区便坐落于此，重点打造新能源与生物医药产业。具体而言，珠海包含两个国家级工业园区：珠海国家高新技术产业开发区（见专题6-1）和珠海经济开发区。以珠海经济开发区高栏港为例，该区以高端制造业为发展目标，目前港区内先进制造业已具备一定规模，并继续保持良好的增长势头。同时，高栏港区也是国家新型工业化产业示范基地，入选2018中国化工园区30强等。截至2019年年末入驻实体企业2319家，十亿级企业23家，海洋工程装备和电子信息装备业、清洁能源、精细化工、以动力锂电池为产业链和功能高分子为主的新材料产业产值分别增长13.7%、34.5%、7.9%、16.4%，汇聚了中海油深水海洋工程装备、烽火科技、三一海洋重工、钰海电力、路博润添加剂等一批名企；另外，现代物流产业发展迅速，作为国家综合交通运输体系重要枢纽，高栏港是珠三角地区条件最优质的港口，引进了中谷国际航运等物流企业，大力推进高兰港综合保税区建设。得益于近期连续出台的多项人才和企业引进政策，例如《关于实施"珠海英才计划"加快集聚新时代创新创业人才的若干措施》和《珠海经济技术开发区支持企业发展促进园区提质增效若干政策措施》等，高栏港创新能力不断显现，拥有高技术企业109家，2019年完成高技术产业产值22.01亿元，有效发明专利数343件。

  除了上述主要城市和港澳两个特区外，粤港澳大湾区其余城市的制造业相对处于中低端水平，例如对于肇庆而言，纺织服装、食品饮料、建筑材料、家具制造业、家用电力器具制造业、金属制品等传统产业仍然是该地区经济增长的主要拉动点。江门处于大湾区承东启西的位置，园区内也集聚着不少创新资源，2018年，江门市高技术产业增加值占规模以上工业增加值的比重为9.3%，但无论从规模乃至增速上，均低于深圳和珠海两市。目前，江门拥有国家高新区、滨江新城、台山工业新城、鹤山工业城等一批产业园区，产业基础良好，具备规模优势，以机电、食品、电子信息、纺织服装等传统产业为支柱产业，高端装备制造、新一代信息技术、新能源汽车、新材料等新兴产业处于推进阶段。另外，中山作为国家级火炬高技术产业开发区，拥有9大产业基地，经过近些年快速发展，战略性新兴产业已经初具雏形，后发优势日趋凸显。

表6-5　　　　　　　　　　中山市九大产业基地

基地名称	重点产业	入驻企业或机构
国家先进装备制造（中山）高新技术产业化基地 & 国家火炬计划中山（临海）装备制造业基地	船舶制造与海洋工程、节能设备与新能源、成套装备制造等	中船、中机、中铁、国电国家健康科技产业基地

续表

基地名称	重点产业	入驻企业或机构
国家健康科技产业基地	集创新药物、医疗器械和健康产品的研究和开发、临床试验、生产和销售为一体	诺华山德士、美国NBTY、辉凌、九州通、美捷时
中国包装印刷生产基地	涉及出版印刷、包装装潢、塑料包装、商标印刷等	中山鸿兴、中山环亚、中山天彩等塑料包装公司
国家高新技术产品出口基地	电子信息、汽配、精细化工、光电子一体化、新能源新材料等	中山联成化学工业等
中国电子（中山）基地	电子信息和光电产业	纬创资通、佳能、卡西欧、国碁、特灵空调、伊顿电气、波若威光纤等
中国技术市场科技成果产业化（中山）示范基地	汽配、电子信息、现代物流、电子新材料等	盛邦电子、武藏汽配、中国外运、珠江啤酒等
中山国家现代服务业数字医疗产业化基地	数字医疗服务业高端价值链	
中国汽车零部件制造基地	汽车关键零部件	日本株式会社F‐TECH、日本三井化学株式会社、伊藤忠商事株式会社、东洋热交换器株式会社等

综上，粤港澳大湾区不同区域的产业园区存在着不同的发展优势，广州、深圳、香港形成了大湾区的发展核心，广州重点发展先进制造业的同时，还充当着综合交通枢纽、提供人力资本的职能，深圳将成为科技创新领域的新引擎。其他城市除了澳门以服务业为主外，东莞、佛山、中山、肇庆、江门承担先进制造基地，惠州是未来创新成果转化示范基地，珠海作为连接点，还将大力发展物流业。可以预见，未来大湾区各城市会充分运用各自优势，推动低端制造不断迁出，加速新兴产业集群的形成，进而迎来新的发展战略机遇期。

专题 6-1　珠海国家高新技术产业开发区

珠海高新区是1992年12月经国务院批准成立，1993年3月由国家科委（现科技部）授牌并进行动态管理的国家级高新区。2006年7月，市委、市政府对珠海高新区和唐家湾镇做出"区镇合一"的体制调整，在唐家湾地区设立主园区。2015年9月，国务院正式批复同意珠海高新区建设国家自主创新示范区。2017年6月，为落实"双自联动"（自主创新示范区和自由贸易试验区联动），市政府同意将横琴高新技术和科技研发园区纳入高新区范围。逐步形成"一区多园"格局，即珠海高新区"一区"下辖唐家湾主园区，南屏科技工业园、三灶科技工业园、新青科技工业园、富山科技工业园、航空产业园以及横琴高新技术和科研研发园区等多园，总面积合计359.76平方公里。高新区主园区辖区有中山大学、北京师范大学珠海校区、北京理工大学珠海学院、北京师范大学—香港浸会大学联合国际学院4所知名高等院校。现有户籍人口6.3万人，流动人口17.9万人。

高新区作为珠海市建设国家自主创新示范区主平台，主园区重点发展软件和集成电路、生物医药与医疗器械、智能制造与机器人3个百亿级产业集群，大力引进培育集成电路、生物医药、新材料、新能源、高端打印设备等产业。区内共有南方软件园等11个孵化器，其中国家级孵化器4个，孵化载体面积达111.72万平方米。清华科技园、南方软件园连续3年蝉联优秀国家级孵化器，智慧产业园获评省大数据产业园、省人工智能产业园，南方海洋科学与工程广东省实验室（珠海）、岭南大数据研究院、广东省博士和博士后创新创业（珠海）孵化基地等一批创新平台落地。拥有珠海南方集成电路设计服务中心、珠海南方软件网络评测中心、珠海深圳清华大学研究院创新中心等6家省级新型研发机构。拥有政府天使投资基金、产业发展投资基金、政策性融资担保、"成长之翼"助贷、市首个企业创新及信用评估线上平台、上市培育服务等科技金融服务平台。拥有全国首家国家高新区知识产权法庭和知识产权检察室。

2019年,珠海高新区"一区多园"实现营业总收入3035亿元,高新技术企业979家,在全国国家级高新区综合评价排第22位。唐家湾主园区主要经济指标持续保持稳定增长。实现地区生产总值260.93亿元、增长8.0%;规模以上工业增加值94.4亿元、增长3.1%;固定资产投资211.8亿元、增长27.7%;社会消费品零售总额78.7亿元、增长5.2%;一般公共预算收入19.5亿元、增长17.9%。创新指标位居全市前列。高新技术企业达533家,上市及"新三板"挂牌企业39家,市"独角兽"培育库企业12家,占全市44%,发明专利申请量2044项,同比增长26%。高新区作为全市创新驱动发展示范区、新兴产业集聚区、转型升级引领区、高质量发展先行区的独特地位日益显现。

二 粤港澳大湾区园区产业合作现状

鉴于当前粤港澳大湾区主要以人工智能、生物医药、新能源汽车为发展重点,因此,本节侧重于阐述11个城市在该三种产业中的合作现状。

(一)人工智能

人工智能已成为引领创新和发展的重要动力,其涉及软件与硬件两个部分。粤港澳大湾区拥有独特的竞争优势,通过出台《广东省新一代人工智能发展规划（2018—2030年）》等相关政策，各经济主体之间的合作关系日趋紧密，优势互补，人工智能产业链的基础层（AI芯片、云计算等）、技术层（算法平台，如语音识别、机器学习等）与应用层（行业的渗透应用，如工业4.0，智能汽车、智能家居、智能金融等）合作不断深化，将充分体现产、学、研融合的特点。该规划提出，人工智能将作为广州、深圳以及珠海的核心发展领域[①]，以腾讯和科大讯飞等企业作为重要的人工智能开放创新平台，预计至2025年实现产业规模达1.8万亿元。人工智能领域的合作在不同层面展开。

产业合作方式呈现出多层次、多元化特征。在政府与企业的合作上，广州市政府在2017年推进IAB行动计划（人工智能、生物医药）的同时，与腾讯展开了在产业创新、政务服务、民生应用、创新创业等多方面的合作。例如在产业创新方面，腾讯通过搭建人工智能、大数据以及物联网一体化平台，积极推广移动支付平台和行业信息共享，助推企业线上线下融合；在创新创业方面，通过整合线上线下资源，为园区企业提供培训和技术支撑，打造全要素创业生态。广州与科大讯飞联合打造"人工智能+医疗"应用示范，用智能语音引领智慧城市建设。另外，广州白云区政府与华为达成战略合作协议，共建"三中心一平台"（云计算数据中心、云产业运营中心、创新展示中心以及云产业发展平台），未来将形成千亿元规模级的新一代信息技术和人工智能产业集群。关于企业之间的合作方面，广汽与腾讯在人工智能汽车的车联网、智能驾驶、汽车生态圈等领域进行了深度合作，例如在智能驾驶上，双方共同打造具

---

① 深圳与广州两地的人工智能创新企业相对较多，根据《中国人工智能产业全景图谱》，2018年两地的人工智能商业落地100强企业分别为11家和4家，分列全国城市第3名和第4名。

有品牌特色和市场影响力的智能网汽车品牌，腾讯为其车联网的安全性提供技术支撑。2020年科大讯飞与鹏程实验室共同推进在新基建领域的合作，包括智慧交通、5G等，双方也将在促进智慧医疗和多语种语音识别的应用上开展深度合作。此外，在应用方面，东莞、佛山、惠州等也将人工智能与其优势产业融合，例如东莞将重点发展智能机器人制造。

产、学、研合作水平不断提升。香港拥有众多优质高等院校，在人工智能技术方面具有明显优势，例如香港中文大学研究团队利用人工智能图像技术识别了肺癌即乳腺癌的医学影像，准确率均在90%以上，且识别过程较短。得益于其独特的优势资源环境，香港会聚了两地众多顶尖科研人才，与大湾区内的企业合作日益增多。腾讯与香港科技大学成立了人工智能联合实验室，致力于改善人类的生活服务体验。起源于香港中文大学的商汤科技通过产学研协同创新模式，不仅与MIT、清华大学等许多知名院校建立了联合实验室，而且与内地的工业界联系密切。2019年3月起，深圳市政府与商汤科技共同打造深圳国家人工智能产业高地，围绕智能制造产业中心建设，推动科研能力与深圳的人工智能产业融合发展。惠州的TCL集团以"自研+合作"为发展模式，注重引进顶尖人才和技术资源，与香港三所大学建立了战略合作伙伴关系，并在香港成立了TCL香港研发中心，投入1500万元用于实验室的建设，在人工智能、新型显示方面深入开展研发、成果转化以及人才培养等领域的合作。

（二）生物医药

生物医药产业园区实力突出。粤港澳大湾区是全国第三大生物医药产业集聚区域。在其内部，相较于其他城市，广州和深圳依然作为龙头城市，尤其是后者具有良好的生物医药产业链基础，2018年规模以上企业医药制造业产值为344.2亿元，居广东省第一位，还拥有大湾区九市中 1/3 的上市公司，1/5 的国家重点实验室等。

生物医药产业合作深度融合。在相关合作上，近年来，深圳与香港两地不断深化在临床医学研究、卫生资源对接以及海洋医药领域的合作。在医药研究方面，香港多所大学与深圳建立了合作关系，并在深圳设立了研究结构。例如，香港城市大学深圳研究院设有生物医药科技中心，致力于将生物芯片技术与纳米生物技术应用于新药产品的研发，为一些癌症等疾病提供有效监测和防治；香港理工大学深圳研究院设有智能高分子生物医用材料研究中心、分子药理学等重点实验室；深圳市政府、香港中文大学和中科院联合设立了生物医药技术研究所、生物医学和健康研究所、SIAT-MIT 联合脑认知与脑疾病研究所。另外，在医疗机构合作上，深圳在现代医院管理体制上进行了不懈的探索和努力，鼓励港企在深圳开办企业。目前，深圳已有 8 家香港独资医疗机构，合作前景良好。另外，香港作为金融中心，资源自由流动优势明显，而 2018 年港交所修订的接纳市值不少于 15 亿港元的生物科技公司的上市申请制度，为当前和未来大湾区生物医药企业的发展提供了更多的融资便利。

2019 年发布的《粤港澳大湾区发展规划纲要》提出支持横琴粤澳合作中医药科技产业园建设。随着《关于促进生物医药创新发展的若干政策措施的通知》文件的出台，粤港澳大湾区各城市会进一步形成生物医药产业集聚，实现有效联动和深度合作。根据要求，广州将加快发展生命科学、健康安全等产业，引进一批高水平生物医药研发平台，打造大湾区生命科学合作区和生物研发中心；深圳将培育世界标杆的生物医药企业，打造全球生物医药创新发展策源地；惠州与东莞将成为核医学研发中心与制造基地；珠海、佛山、中山着重于生物医药资源配置、科技成果转化与国际合作等。同时，该文件明确了在粤港澳生物医药创新要素跨境流动、来粤投资企业等给予了政策支持，例如对于国内外生物医药机构，最高补贴1000万元，还支持港澳高校独立申报相关科技项目。

（三）新能源汽车

新能源市场规模迅速扩张和竞争日趋激烈，合作前景良好。广州是我国三大汽车生产基地之一，2018年广州汽车产量占全国的比重达10.6%，汽车产值规模仅次于上海与长春，也是国家节能与新能源汽车示范城市，拥有传祺、比亚迪等新能源品牌；近期发布的《广州市汽车产业2025战略规划》提出，2025年广州新能源汽车产能将达100万辆，跻身国内前三强。2019年6月，恒大集团与广州市人民政府签署了战略合作协议，恒大将在南沙区建设能源汽车整车、电机研发与新能源电池基地。恒大将通过瑞典、荷兰等国引进一系列全球尖端技术，例如通过瑞典NEVS和科尼塞克公司合作获得整车研发制造能力，与荷兰e-Traction等合作获得电池、电机和电控等顶尖技术，预期3—5年会成为全球规模最大的新能源汽车集团。而深圳新能源汽车也形成了较大的生产规模，相关生产企业有上百家，其中约10家企业具有整车研发与生产能力，涵盖电池、电控、电机等全产业链，总体技术在国内处于领先地位。毗邻深圳的香港以及与之隔海相望的澳门有望成为其新能源汽车的销售市场，2020年深圳出台了《深圳市应对新冠肺炎疫情影响促进新能源汽车推广应用若干措施》，规定放宽了港澳两个购买深圳市新能源小汽车增量指标的要求。

城市间互补的可能性较大。例如肇庆与研发机构、高校等合作较为紧密，与高校共建了6个研发机构，2018年肇庆科学技术协会、新能源汽车及配套企业与肇庆学院成立了新能源汽车产业联盟，推进产学研合作；此外，还积极引进创新水平高的优质项目，特别是2018年以来，肇庆已有40多个项目通过进园评审会。园区内基本形成了覆盖整车生产包含零部件在内的新能源汽车产业集群。惠州也在积极推动新能源汽车整车制造，尤其是在动力电池生产制造方面具有相对技术优势，也形成了新能源汽车产业发展体系。

四 粤港澳大湾区园区发展中存在的主要问题

粤港澳大湾区具有诸多先天有利的发展因素，正在逐步推进基础设施、金融和科技等方面的深度合作，为园区的进一步快速发展提供了良好的土壤环境。但在粤港澳大湾区内部，仍有不少领域明显分化，尤其在互联互通方面还有待进一步提升。当前，粤港澳大湾区园区发展存在的主要问题包括以下几点。

（一）制度边界与行政边界的存在可能限制了园区的深度融合发展

一方面，因历史因素，粤港澳大湾区涉及"两种制度、三个关税区、三种货币"，是大湾区最显著的特色，也是差异所在，这些差异短期内对湾区内部园区的融合发展构成了一定的障碍。从制度看，自香港与澳门分别回归后，这两个特别行政区分别暂时维持原有的制度不变，内地广东九市实行社会主义制度，以内地的法律体系与行政机制运作。一个国家两种制度的伟大创举维护了祖国领土的完整统一，但由于三地之间制度差异较大，加大了三地企业之间的沟通成本。另外，三地分属不同的关税区，相比于广东九市，香港与澳门拥有更大的自主权和决策权，这对三地产业园区企业的交流合作也产生了阻碍。继续深化三地关税区的园区合作，涉及要素流动、信息互通、资源共享，尤其是产业布局，关键在于增强广州、深圳、香港三个核心城市对周边地区的辐射带动作用，合理规划促进三地各要素真正实现互联互通。此外，三地使用的结算货币也不同，香港与澳门的法定货币分别为港元和澳元，而内地使用人民币，无疑加大了三地园区企业之间往来的结算成本；汇率体系也不同，人民币属于有管理的浮动汇率制度，钉住美元，而港澳实行货币局制度。另一方面，从行政边界看，三地的行政级别及与中央的关系不同，三地实际权力不对等，粤港与粤澳之间的关系属于内地与特别行政区之间的关系，对要素流动的限制相对比较严格，而广东内部的要素流动障碍较少，具有更大的资源配置权，导致三地在园区企业合作中面临诸多困难和挑战。

（二）三地缺少一个强有力的中央协调者

从大湾区内部各行为主体的合作现状看，"腾笼换鸟"行动尽管已进行多年，但各主体并不对等。三地政府在经济发展中扮演的角色不同，对于广东省，产业规划、项目引进，政府均扮演着重要角色；而在港澳两地，政府与企业之间的关系弱化得多，两地均有行会组织，为企业之间的合作提供桥梁。港澳企业在广东各城市园区的投资是综合比较了三地的要素成本后做出的最优选择。这就导致珠三角各城市在招商引资的过程中，港澳企业更加重视与当地政府之间的关系，而与各城市园区企业的合作和交流相对不够。同时，这些企业进入珠三角后，行会组织的作用大大减弱，企业之间的合作更倾向服务于当地政府的发展规划。由于各城市经济发展基础不同，其选择的道路不同，由政府主导的工业化与城市化可能会导致港口、开发区、科技园在珠三角范围内出现内耗型重复投资和建设，导致各城市之间的产业关联度低。

（三）园区仍然存在产业同质化现象

湾区内产业协同仍有较大的提升空间。目前，珠三角地区主要在电子信息产业、机电装备产业等方面具有明显的同质性。一些园区由于发展定位与发展模式不清晰，园区差异化特色不鲜明，一些项目引进比较随意，且实际运作过程中缺乏有效监管，出现重复建设和资源浪费等现象，引致园区间企业无序竞争；不少创新平台以及配套服务不健全，运营模式相对于世界级其他发达湾区仍然存在明显不足。具体而言，根据《广东省统计年鉴》数据，2018年计算机、通信和其他电子设备制造业在深圳、惠州、珠海制造业中的占比分别达到66%、39%、22%；同时，除佛山外的其他城市中，该产业的比重均在7%以上。另外，大湾区内珠三角地区的电气机械和器材制造业、化学原料和化学制品制造业也存在同质化现象。具体而言，广州、惠州、中山、江门、珠海等城市电气机械和器材制造业增加值占制造业的比重均在6%以上；相比之下，对于电气机械和器材制造业而言，佛山、珠海、中山该产业增加值占制造业的比重分别为24%、23%、20%，而其余城市如深圳、东莞、惠州、江门等城市的比重均在6%以上。直观上，这种同质化现象在一定程度上反映了产业分工，但也恰恰说明在缺乏合理规划和协同政策下，一些城市共同片面追求类似高端产业发展，导致了产业趋同现象。

（四）自主创新实力相对不强，且分化明显

尽管粤港澳大湾区的研发投入强度在全国已经名列前茅，2018年珠三角地区研发投入强度为3.19%，远高于广东省和全国平均水平，甚至从同时期的规模以上企业看，其研发经费投入占工业增加值的比重也达到了7.2%，高于全省0.7个百分点，是全国研发投入强度最高的地区，但相对于旧金山湾区仍有较大差距，2018年该湾区研发投入强度超过5%。而且，在粤港澳大湾区内部各城市之间，研发投入差异较大，例如最高的为深圳与珠海，分别达到4.80%与3.16%，排名靠后的中山与江门仅为1.68%与2.16%，而肇庆仅有1.03%。港澳两地虽然经济发达，但主要以服务业为主，制造业空心化明显，研发投入强度较低。从创新产出看，发明专利是衡量创新产出质量的有效指标。就发明专利的绝对量而言，2013年粤港澳大湾区与旧金山大湾区的数量相似，之后前者对后者实现了大幅反超，2017年前者数量是后者的4.7倍左右，并呈现继续上升势头；尽管如此，但从反映专利质量的引用数看，前者的专利引用总量仅为后者的22.82%。而且，粤港澳大湾区的PCT专利在总量中的比重为9.55%，显著低于旧金山湾区的12.88%。由此可以断言，粤港澳大湾区的创新仅是实现了数量的赶超，但远未实现质量的跨越。另外，值得一提的是，创新实力的不足直接后果是园区产业生产的产品附加值不高，经过多年发展，珠三角地区的高技术制造业增加值占比已超过三成，但不少企业仍然停留在加工制造业环节，利润薄弱，附加值偏低。因此，对于粤港澳大湾区，亟待构建完善的创新生态系统，实现量到质的转变。

（五）高端人力资本、顶尖高校资源不足制约园区产业多元化发展和升级

人才是园区发展的基石。园区产业的持续发展需要区域内良好的产学研体系予以保障。当前，粤港澳尚未形成长期的互促机制，人才资源不足制约着该地区持续向好发展，同时城市群内部互相争夺资源。究其根本，大湾区内的教育实力还不够强，顶尖高校较少，除了香港、澳门外，广州仅有中山大学、华南理工大学等4所985或211高校，其余几所城市高校极其匮乏。相比之下，纽约、旧金山和东京世界一流湾区均具有一大批高水平大学集群作为重要支撑，创新体系较完备，形成了各具特色的高水平大学聚集现象。例如，纽约大湾区拥有顶尖的常春藤高校，带动周边形成了新常春藤高校、小常春藤高校以及著名私立大学集群，形成了"多中心"式的发展模式，而旧金山大湾区同样聚集了众多世界一流大学，东京湾区拥有260多所高等教育机构，借助一流高校和高水平研究机构形成了独特的关系网络资本,这些关系网络资本引致的涓滴效应,不断推动各种创新要素优化互补,并同时吸纳新的创新要素,加快湾区内园区产业向更高阶段的技术密集型经济跃升,进而推动城市群实现了功能型协同发展。反观粤港澳大湾区,该地区产业仍然存在不少劳动密集型产业,过分依赖低成本劳动力忽视了员工素质的提升,园区产业升级乏力,例如一些企业为了保持低成本优势,甚至经常解雇工人,将其保持在非熟练工种级别。需要补充的是,粤港澳地区之间的高校尽管位置邻近,但始终"集而不群",需要进一步加强关联、增进交流。

(六) 关键核心技术缺失

粤港澳大湾区经济规模庞大,拥有相对完备的产业体系,且创新环境优势较突出,已吸引了大批优质企业入驻,但关键核心技术缺失依然是制约大湾区未来具备国际一流竞争力的主要短板。园区的不少高技术产品仍然停留在加工组装环节。一些看似效益较好的企业,实质上仅仅是在大湾区内部的粗放式规模扩张,产品结构并没有得到较高的提升,以机器人为例,全球机器人制造企业四强均在大湾区集聚,促进大湾区乃至整个广东省其他地区机器人产业的快速发展,无论是机器人规模还是相关企业数量,均在全国处于领先地位。然而,机器人的关键零部件仍主要来源于国外知名品牌,尤其是,精密减速机、伺服驱动器等关键部件约有75%依赖于国外进口,精密减速器从哈默纳科、住友公司等日本企业进口,伺服驱动器主要来源于日本、欧盟等。这些关键零部件往往以高于外企2倍的价格采购,直接增加了本地企业的成本压力,降低了企业的盈利能力和创新的积极性,影响工业机器人自主品牌建设。

(七) 各地缺乏长效合作机制

协同创新水平不高。大湾区内各城市与港澳两地尚未建立其统一的科技资源分享平台，在产学研上的共享还不够充分，这直接影响了大湾区科技资源的创新效率和资源配置。从粤港澳的发展现状看，广州高校资源和科研资源相对丰富，创新氛围浓厚，其更偏向于传统产业，重制造而轻研发；深圳拥有一大批高技术企业，产业转化能力更强，但优质院校与创新平台相对较少。而香港拥有不少世界顶尖高校，科研能力突出，在基础科学、计算机、电子工程等领域优势明显，人力资本水平高，2018年其高等教育人口占就业人数比重超过40%；另外，香港还在金融、商业咨询等专业领域拥有独特优势，尽管拥有优势教育资源，由于产业空心化严重，科研成果转化水平不高，由此，粤港澳三地尚未形成有效的合作机制、做到取长补短，分散程度较高，协同发展能力受到限制。此外，从粤港澳大湾区内部看，城市间也存在争夺资源的局面，园区间合作的深度和广度都还不够。究其原因，除了创新平台外，大湾区内城市经济主体之间的合作还缺乏法律、细则等方面的有效保障，尤其是知识产权保障方面存在较大差异，需要清晰界定科研院所、科技部门、企业等责权利边界，逐步统一知识产权保障制度。

（八）营商环境存在改进空间，地区间差距大

尽管大湾区的营商环境取得了显著进步，在全国名列前茅，但仍然存在一些共性和个性问题。根据《2019粤港澳大湾区营商环境调研报告》，大湾区内一些企业仍然反映税费和用工成本较高，其中，反映"企业负担的税费仍然较高"的受访企业占44.4%，"切实减免企业税费，成效明显"的企业占比为29.6%，希望"降低用工成本"的企业占36%，反映租金成本的企业占比为32.6%。另外，在"加快大湾区市场融合，统一市场规则"方面，31.6%的企业希望加强，这反映了企业对湾区市场进一步融合的殷切期待，只有加强湾区内机制互通，企业才会有更大的盈利空间；反映"政府扶持力度不够或政策获得效果不好"的受访企业比重为25.6%，45.6%的受访企业反映没有享受过优惠政策以及22.8%的企业没有享受到纳税返还，原因在于申请条件繁杂，成本高。此外，民营企业仍然存在融资难、融资贵的问题，受访企业占比为27.6%，其中银行贷款手续烦琐、对企业抵押要求高与贷款利率高是主要原因。从各城市看，珠海、肇庆、深圳的企业营商环境满意度较高，分别为82.6%、82.4%、81.7%，而佛山、东莞、惠州相对较低，分别为73.3%、72.7%、72.1%，地区间差异明显。

五 推进粤港澳大湾区产业园区经济高质量发展的政策建议

粤港澳大湾区高质量发展的目的是促进资源得到充分利用，优势充分得到发挥，进而通过产业链分工和协作共同实现打造国际一流湾区的目标。为了促进粤港澳大湾区实现协同发展，关键是进一步加强顶层设计、弱化行政边界、注重错位发展、健全创新机制体制、推动一流人才队伍建设、重视原始基础创新、持续优化营商环境等。

（一）弱化行政边界，加强互联互通

在粤港澳大湾区内，因行政分割出现了问题。广东与港澳是平行的地方行政区域，珠三角九市与港澳之间虽然在CEPA协议框架下存在经贸往来，但依然是在"一国两制"下与关税区下的跨区域合作，珠三角内部城市间也存在一定的行政分割与利益竞争。这种行政壁垒造成了大湾区内不同城市产业园区企业合作的刚性约束。需要在充分遵守"一国两制"大政方针的前提下，充分发挥中央的主导性作用，探究粤港澳大湾区园区产业合作的各种运行机制和组织结构，破除边境障碍，促进生产要素高效流通，增强合作的积极性。由此，弱化行政边界

不仅涉及行政体制问题，还涉及了要素和商品的流通问题。一方面，尽管珠三角九市与港澳之间的行政地位不同，仍然需要搭建促进三方有效沟通的平台，充分展开对话，扩大参与主体。可考虑成立粤港澳大湾区合作中心或实行完全的跨境联席会议制度，中心的主要组成人员从三地的政府工作人员中抽取，主要职责范围为粤港澳的经济事务合作，不涉及国家安全、外交等，包括发展规划、港口基础建设、企业合作等。为了降低行政和沟通成本，中央可将部分行政审批权下放至此合作中心。通过此方式，中央既可以实现对粤港澳大湾区的直接领导，也能够有效降低三地之间的合作成本。另一方面，推动交通、关检、人员与规划互联互通，尤其推动跨境园区和跨境基础设施以及珠三角内部的基础设施建设，加强城市轨道交通、信息网络、电力等基础设施的互联互通，加快建设珠三角九市与港澳相连的高速公路、港口、机场等设施建设，形成诸如湾区一小时通勤圈，促进要素流通。

（二）注重错位发展，实现优势互补

对于粤港澳三地而言，需要有效规划好生产要素资源的空间配置，通过深化创新与合作，发挥各自优势，增进经济互利。粤港澳三地具有强烈的发展诉求，竞争与合作广泛存在。当双方或多方合作利益与粤港澳大湾区的长期规划存在冲突时，要积极确保沟通顺畅和信息对称。在此基础上，三地要注重错位发展，协同打造国际一流的营商环境。珠三角地区在劳动力成本和土地资源上具备相对优势，拥有完备的制造业生产体系；而港澳两地的金融服务业较为发达，香港应继续发挥国际金融中心作用，其同时也是研发中心，已在不少领域的研发上处于国内甚至世界顶尖水平。港澳两地的制造业可谋求到珠三角发展，专注发展金融等先进服务业，同时也对珠三角的先进制造业形成有效带动。另外，对于珠三角九市而言，既要紧密联动，

也要错位发展。部分地区为了承接更多产能，地区间存在恶性竞争，导致存在一定的产业同质化现象。需要进一步根据各城市的资源禀赋优势和经济发展条件，政府间加强合作，协调规划各城市的制造发展定位，坚持错位招商，避免园区内低端重复投资和建设，进而形成分工明确的产业链条。此外，还应看到，粤港澳大湾区中内部的产业技术水平存在差异，珠三角地区自身的经济整合远未完成，产业转型升级的方向有类似之处，互相配合的空间有限，应分阶段、分层次推动不同技术水平的产业转型升级。

（三）健全创新机制体制，提升创新质量

鉴于粤港澳三地的科技管理体制不同，应在上述建议成立的粤港澳大湾区合作中心中下设科技协同部门，对大湾区的重大科技发展规划进行统一部署，大力推进大湾区内国家自主创新示范区建设，努力构建风险共担机制，同时，搭建知识产权保护平台。首先，需制定自主创新政策激励政策，为企业创新活动提供坚实的保障，提高其主动性和积极性。构建产学研用相结合的体制机制，支持建设公共研发平台，鼓励大学、研究机构与园区高技术企业开展更广泛和深入的合作。培育一批科技含量高、经济效益好、充满活力的中小型创新企业。其次，鉴于中小型创新企业的风险相对较高，应组建好大湾区内的风险投资机构，切实解决长期困扰其发展的融资难和融资贵问题。此外，研究成立产业发展基金和知识产权组基金，对重大科技产业化项目联合投资，降低风险，设置知识产权基金的目的在于鼓励有发展前景的发明专利；加大知识产权保护力度，尤其对于产业具有重大影响的关键核心技术，进行重点保护。

（四）坚持本土培育与引进相结合，推动一流人才队伍建设

人才是科技创新最核心的载体。粤港澳大湾区内聚集了香

港5所世界百强大学，在大湾区内具有无可比拟的高质量人力资本优势，未来大湾区实现跨越式发展的过程中，还会对人才产生更大的需求，尤其是珠三角地区。首先，加快珠三角地区高水平一流大学建设，加大财政支持力度，未来5—10年，力争使得广州和深圳的一些院校跻身顶尖院校行列，同时，也应根据当地的发展特色，培育和设置特色专业，努力培养复合科技型人才，服务于产业园区建设。例如实施本土人才培养计划，打造高水平的科研创新团队。其次，注重人才引进，可通过设置高端人才专项基金，如设立院士研究基金，实现企业与高端人才的匹配。同时，放眼全球，根据产业需求进行细致评估，制定科学的人才引进政策，避免简单唯学历论作为评判人才的标准。更重要的是，为人才提供良好的生活和发展环境，以及有助于激励个人价值充分发挥的晋升环境。此外，在粤港澳内部，需要加快形成良性有序的跨区域人才流动机制，建立破除人才流动障碍的制度保障，例如为科研、商务等人才提供更加便利的签注和通关服务，优化税收、社保、教育等方面的衔接，减少流通阻力。

（五）重视原始基础创新，促进关键核心技术攻关

核心技术涉及最基础的前沿工艺、核心零部件与关键设备等，其特点包括高投入和长周期、知识的复杂性和嵌入型、价值生态高依赖性，这些特点决定了核心技术不容易被简单复制，掌握关键核心技术绝非朝夕之事。除了加快培养一流人才外，还需要鼓励科研人员围绕经济社会发展战略的重大科学问题和关键技术问题，加强基础研究和应用研究支持力度，重视激励原始创新，重点支持科研人员在生命科学、人工智能、智慧城市等领域开展深度合作，集中突破集成电路、高端芯片等关键器件以及数据库、操作系统等核心关键技术。鼓励重大科技基础设施建设，争取更多国家大型实验室落户粤港澳大湾区。推动三地协同创新,将广州和香港的"学"和"研"与深圳的"产"充分结合起来。主动融入全球创新网络,吸引高端创新要素集聚。构建新型创新体系,加强大湾区内自主创新示范区与其他发达省份乃至世界其他三大湾区之间的合作交流,努力打造创新示范高地。强化与德国、英国、日本等科技强国的深度合作,尤其在前沿学科开展深度合作计划。

(六)持续优化营商环境,推动园区企业高质量发展

打造一批勇于担当富有创新精神的高素质干部队伍,提升政府服务能力。强化各级干部对营商环境重要性的认识程度,重点关注园区内民营企业的发展。切实落实容错试错和尽职免责机制,对符合容错情形的,按政策予以宽容对待。推动建设数字化服务型政府,以企业为出发点,拓宽政府与企业沟通的平台和渠道,如开展实地走访和调研;加快数字化信息平台建设,实现不同部门信息的进一步融通和数据共享水平。多途径解决中小微企业融资渠道,大力发展民营银行和社区银行,进一步降低企业的融资成本;借鉴佛山政府出台的《佛山市支持企业融资专项资金管理办法》《佛山市支持企业融资专项资金管理办法(2020年修订版)》,由市内各级政府部门共同出资设置融资专项资金。通过政府购买服务形式,增加优质基础教育,增强大湾区人才的吸引力。

参考文献

[1] 辜胜阻、曹冬梅、杨嵋:《构建粤港澳大湾区创新生态系统的战略思考》,《中国软科学》2018年第4期。

[2] 向晓梅、杨娟:《粤港澳大湾区产业协同发展的机制和模式》,《华南师范大学学报》(社会科学版)2018年第2期。

[3] 彭芳梅:《粤港澳大湾区及周边城市经济空间联系与空

间结构——基于改进引力模型与社会网络分析的实证分析》，《经济地理》2017年第37（12）期。

［4］钟韵、胡晓华：《粤港澳大湾区的构建与制度创新：理论基础与实施机制》，《经济学家》2017年第12期。

［5］马向明、陈洋：《粤港澳大湾区：新阶段与新挑战》，《热带地理》2017年第37（06）期。

［6］周春山、罗利佳、史晨怡、王珏晗：《粤港澳大湾区经济发展时空演变特征及其影响因素》，《热带地理》2017年第37（06）期。

［7］李立勋：《关于"粤港澳大湾区"的若干思考》，《热带地理》2017年第37（06）期。

［8］覃成林、刘丽玲、覃文昊：《粤港澳大湾区城市群发展战略思考》，《区域经济评论》2017年第5期。

［9］蔡赤萌：《粤港澳大湾区城市群建设的战略意义和现实挑战》，《广东社会科学》2017年第4期。

［10］申明浩、杨永聪：《国际湾区实践对粤港澳大湾区建设的启示》，《发展改革理论与实践》2017年第7期。

［11］申勇、马忠新：《构筑湾区经济引领的对外开放新格局——基于粤港澳大湾区开放度的实证分析》，《上海行政学院学报》2017年第18（01）期。

［12］陈德宁、郑天祥、邓春英：《粤港澳共建环珠江口"湾区"经济研究》，《经济地理》2010年第30（10）期。

［13］陈广汉：《推进粤港澳经济一体化研究》，《珠江经济》2008年第6期。

［14］崔志新、陈耀：《区域技术创新协同的影响因素研究——基于京津冀和长三角区域面板数据的实证分析》，《经济与管理》2019年第33（03）期。

［15］崔志新：《基于开放视角中部地区崛起的进展、问题与对策》，《城市》2019年第4期。

［16］崔志新、陈耀：《京津冀协同发展的阶段成效与高质量发展对策》，《城市》2019年第3期。

［17］崔志新、陈耀：《基于复杂系统的区域科技创新系统协同度测评研究——以京津冀区域为例》，《城市》2019年第2期。

［18］崔志新、陈耀：《区域技术协同创新效率测度及其演变特征研究——以京津冀和长三角区域为例》，《当代经济管理》2019年第41（03）期。

［19］崔志新：《提升区域发展质量与促进区域协调发展——2018年中国区域经济学会年会综述》，《区域经济评论》2018年第5期。

附 关于产业园区的重要政策汇总

崔志新

园区作为我国产业发展的集聚区，是推动经济发展的重要载体，为有效提升园区综合实力和竞争力，国家相继印发了一系列政策措施，本报告从"创新、协调、绿色、开放、共享"新发展理念方面，梳理了国家层面出台的关于园区和产业的重要政策。

2020年7月17日，国务院发布《关于促进国家高新技术产业开发区高质量发展的若干意见》，为进一步促进国家高新区高质量发展，发挥好示范引领和辐射带动作用，指明了发展方向。围绕产业链部署创新链，围绕创新链布局产业链，培育发展新动能，提升产业发展现代化水平，将国家高新区建设成为创新驱动发展示范区和高质量发展先行区。

一 创新发展

1991年3月6日，国务院批准发布《国家高新技术产业开发区税收政策的规定》，规定高新技术产业开发区内高新技术企业从被认定之日起，减按15%的税率征收所得税。

1991年9月16日，国务院印发《国务院关于批准国家高新技术产业开发区和有关政策规定的通知》（国发〔1991〕12号），决定继1988年批准北京市新技术产业开发试验区之后，在各地已建立的高新技术产业开发区中，再选定一批开发区作为国家高新技术产业开发区，并给予相应的优惠政策。

1998年3月18日，国家科学技术委员会印发《关于加强国家高新技术产业开发区知识产权工作的若干意见》（国科发政字〔1998〕099号），把知识产权管理和服务作为一项重要职能列入议事日程和工作计划，确定主管领导，指定职能机构，配备专职人员开展此项工作，并提供相应的经费和工作条件，健全知识产权组织管理机制。

1999年8月11日，科学技术部印发《关于加速国家高新技术产业开发区发展的若干意见》（国科发火字〔1999〕302号），积极扶持具有自主知识产权的高新技术产业，形成特色支柱产业，辐射和改造传统产业。

2000年7月23日，为规范全国高新技术企业认定工作，科技部印发《国家高新技术产业开发区高新技术企业认定条件和办法》（国科发火字〔2000〕324号），推动我国高新技术产业的发展。

2002年1月31日，科学技术部印发《关于进一步支持国家高新技术产业开发区发展的决定》（国科发火字〔2002〕32号），要求进一步优化高新创新创业的政策环境，不断提高国家高新区持续创新能力，强化国家高新区科技中介服务体系建设，促进国家高新区产业发展国际化，推动高新区人才队伍建设，加强对国家高新区的宏观指导和管理。

2002年3月5日，科学技术部印发《关于国家高新技术产业开发区管理体制改革与创新的若干意见》（国科发政字〔2002〕61号），推进高新区管理体制改革与创新。

2005年3月21日，商务部、国土资源部、建设部联合印发《关于促进国家级经济技术开发区进一步提高发展水平的若干意见》（国办发〔2005〕15号），鼓励跨国公司在国家级经济技术开发区设立研发中心、财务中心、技术服务中心、培训中心、采购中心、物流中心、运营中心和配套基地；鼓励符合条件的国家级经济技术开发区申请设立出口加工区、保税物流中心、出口监管仓库和保税仓库。

2006年8月18日，信息产业部印发《支持国家电子信息产业基地和产业园发展政策》（信部规〔2006〕542号），为推进国家电子信息产业基地和产业园建设，支持基地和园区进一步整合资源，增强自主创新能力，推动国家工程实验室、国家重点实验室、国家工程（技术研究）中心、企业技术中心、部属科研机构进入基地和园区，开展多种形式的技术合作，促进科研成果产业化。为基地园区的重点项目建设和国家项目配套提供支持。基地和园区须设立专项资金，其中，基地专项资金应不低于5000万元/年，园区专项资金应不低于1000万元/年。

2007年3月30日，科技部、国家发展改革委、国土资源部、建设部研究制定了《关于促进国家高新技术产业开发区进一步发展增强自主创新能力的若干意见》（国科发高字〔2007〕152号），指出重点工作主要集中于突出企业技术创新的主体地位、加强创新创业服务体系建设、促进创新资源在国家高新区的集聚、进一步完善支持国家高新区增强自主创新能力的财税金融政策、严格依据土地利用总体规划和城市总体规划进行开发建设等。

2008年4月14日，科技部、财政部和国家税务总局关于印发《高新技术企业认定管理办法》的通知（国科发火〔2008〕172号），为扶持和鼓励高新技术企业的发展，认定的高新技术企业可以申请享受税收优惠政策。

2010年10月10日，国务院印发《国务院关于加快培育和发展战略性新兴产业的决定》（国发〔2010〕32号），坚持创新发展，重点培育和发展节能环保、新一代信息技术、生物、高端装备制造、新能源、新材料、新能源汽车等战略性新兴产业，将其加快培育成为先导产业和支柱产业。

2011年7月4日，为进一步加强火炬工作，落实《国家中长期科学和技术发展规划纲要（2006—2020年）》和《国民经济和社会发展第十二个五年规划纲要》，科技部制定了《关于进一步加强火炬工作促进高新技术产业化的指导意见》（国科发火〔2011〕259号）。

2011年12月30日，国务院印发《国务院关于印发工业转型升级规划（2011—2015年）的通知》（国发〔2011〕47号），加强对工业园区发展的规划引导，着力提升自主创新能力，推进信息化与工业化深度融合，改造提升传统产业，培育壮大战略性新兴产业，提高土地集约节约利用水平，促进各类产业集聚区规范有序发展。

2012年7月9日，《国务院关于印发"十二五"国家战略性新兴产业发展规划的通知》（国发〔2012〕28号），加快培育和发展节能环保、新一代信息技术、生物、高端装备制造、新能源、新材料、新能源汽车等战略性新兴产业。

2012年9月23日，国务院印发《关于深化科技体制改革加快国家创新体系建设的意见》（中发〔2012〕6号），充分发挥科技在转变经济发展方式和调整经济结构中的支撑引领作用。

2013年3月12日，科技部印发《国家高新技术产业开发区创新驱动战略提升行动实施方案》（国科发火〔2013〕388号），指出国家高新区战略提升行动的重点任务包括，进一步探索有利于科技与经济社会发展紧密结合的体制机制、率先建立以企业为主体的技术创新体系、加快培育和发展战略性新兴产业、进一步完善科技创新服务体系建设、营造创新发展的良好环境和提升科学发展水平等。

2018年12月21日，工信部印发《关于加快推进虚拟现实产业发展的指导意见》（工信部电子〔2018〕276号），为加快我国虚拟现实产业发展，引导和支持"VR+"发展，推动虚拟现实技术产品在制造、教育、文化、健康、商贸等行业领域的应用，创新融合发展路径，培育新模式、新业态，拓展虚拟现实应用空间。

2018年12月25日，工信部印发《车联网（智能网联汽车）产业发展行动计划》（工信部科〔2018〕283号），坚持新发展理念，坚持推进高质量发展，以网络通信技术、电子信息技术和汽车制造技术融合发展为主线，充分发挥我国网络通信产业的技术优势、电子信息产业的市场优势和汽车产业的规模优势，优化政策环境，加强跨行业合作，突破关键技术，夯实产业基础，推动形成深度融合、创新活跃、安全可信、竞争力强的车联网产业新生态。

2020年4月29日，科技部火炬中心印发《关于深入推进创新型产业集群高质量发展的意见》（国科火字〔2020〕85号），研究提出了新时期深入推进创新型产业集群高质量发展的意见。

2020年6月，商务部与国家开发银行签署《关于推进国家级经济技术开发区创新提升促进高质量发展合作备忘录》，支持国家级经济技术开发区优化产业布局、拓展城市功能、改善生态环境质量，提升发展质量和效益。根据备忘录，双方将重点支持国家级经开区旧区更新、工业区升级、国际合作园区建设、现代产业体系构建等方面工作，国家开发银行未来3年将累计提供不低于1000亿元人民币资金，支持国家级经开区优化投资环境、强化城市服务功能、提升新型城镇化水平。

二 协调发展

2009年3月18日，工业和信息化部印发《工业和信息化部关于促进产业集聚发展和工业合理布局工作的通知》（工信部产业〔2009〕第103号），支持跨区域、跨行业和跨所有制的企业在集聚中重组，鼓励相邻区域的工业园区在协调中整合，避免产业趋同和重复建设，把工业园区办成发展现代制造业的集中区、吸引投资创业的集聚区、机制改革的先导区和循环经济的示范区。

2010年9月6日，国务院印发《国务院关于中西部地区承接产业转移的指导意见》（国发〔2010〕28号），进一步指导中西部地区有序承接产业转移，加强规划统筹，优化产业布局，引导转移产业向园区集中，促进产业园区规范化、集约化、特色化发展，增强重点地区产业集聚能力。

2015年2月2日，科技部火炬中心与中关村科技园区管理委员会共同研究制定了《国家高新区互联网跨界融合创新中关村示范工程（2015—2020年）》（国科火字〔2015〕50号），拓展信息技术和互联网服务跨界应用，促进企业与各类创新主体开展跨行业跨区域的网络互联互通、产业协同创新、创业与金融服务、军民融合等创新活动，带动各行业企业向智能生产和智慧服务转型升级。

2017年12月20日，京津冀三地共同发布了《关于加强京津冀产业转移承接重点平台建设的意见》，三地初步明确"2+4+46"平台，包括北京城市副中心和河北雄安新区两个集中承载地，四大战略合作功能区及46个专业化、特色化承接平台。

2020年7月3日，上海市人民政府、江苏省人民政府、浙江省人民政府联合制定了《关于支持长三角生态绿色一体化发展示范区高质量发展的若干政策措施》，与《长三角生态绿色一体化发展示范区总体方案》共同构筑支撑一体化示范区发展的政策框架体系。

三　绿色发展

1990年12月5日，国务院印发《国务院关于进一步加强环境保护工作的决定》（国发〔1990〕65号），依法采取有效措施防治工业污染，对于凡产生环境污染和其他公害的企事业单位，必须把消除污染、改善环境、节约资源和综合利用作为技术改造和经营管理的重要内容，建立环境保护责任制度和考核制度。

1996年8月3日，国务院印发《国务院关于加强环境保护若干问题的决定》（国发〔1996〕31号），制定鼓励和优惠政策，大力发展环境保护产业，要提高环境保护产品和环境工程的质量和技术水平，对生产性能先进可靠、经济高效的环境保护产品的企业，在固定资产投资等方面优先予以扶持，促进环境保护产业形成规模。

2007年4月3日，国家环保总局、商务部和科技部联合印发《关于开展国家生态工业示范园区建设工作的通知》（环发〔2007〕51号），国家环保总局、商务部和科技部成立国家生态工业示范园区建设协调领导小组，下设国家生态工业示范园区建设领导小组办公室。会同有关部门鼓励国家级经济技术开发区和国家高新技术产业开发区通过生态化改造申报综合类生态工业示范园区，支持开发区内具备条件的工业园区申报行业类生态工业示范园区和静脉产业类生态工业示范园区。

2007年11月13日，国家发展改革委印发《国家发展改革委关于促进产业集群发展的若干意见》（发改企业〔2007〕2897号），为积极实施中小企业成长工程，整合提升各类开发区（包括经济开发区、高新区和工业园区等），促进特色产业集聚发展。切实推进发展循环经济和生态型工业，选择若干产业集群开展循环经济试点，建立产业集聚区内物质能量循环利用网络，发展生态型工业和生态型工业园区。

2011年12月5日，环境保护部、商务部和科技部联合印发《关于加强国家生态工业示范园区建设的指导意见》（环发〔2011〕143号），将国家生态工业示范园区建设相关指标纳入开发区投资环境综合评价等相关考核工作，并适当增加该类指标的权重；积极引导国家生态工业示范园区内的企业充分利用国家税收优惠政策，在资金、招商引资、对外经济技术合作和服务等方面加大对国家生态工业示范园区的扶持力度，引导和鼓励社会资金、外商投资更多地投入国家生态工业示范园区。

2012年3月21日，国家发展改革委、财政部联合印发《国家发展改革委、财政部关于推进园区循环化改造的意见》（发改环资〔2012〕765号），加快转变经济发展方式，从空间布局优化、产业结构调整、企业清洁生产、公共基础设施建设、环境保护、组织管理创新等方面，推进现有各类园区进行循环化改造，实现园区资源高效、循环利用和废物"零排放"。

2015年12月16日，为进一步规范国家生态工业示范园区的申报、创建、验收、命名、监督等管理工作，环境保护部、商务部、科学技术部联合组织修订了《国家生态工业示范园区管理办法》，同时废止《国家生态工业示范园区管理办法（试行）》（环发〔2007〕188号）。

2019年7月19日，国家发改委办公厅、生态环境部办公厅下发《关于深入推进园区环境污染第三方治理的通知》（发改办环资〔2019〕785号），提出在京津冀及周边地区、长江经济带、粤港澳大湾区范围内的园区推行第三方治理。其中，京津冀及周边地区重点在钢铁、冶金、建材、电镀等园区开展第三方治理。

四　开放发展

1991年9月16日，国家税务局印发关于贯彻执行《国家高新技术产业开发区税收政策的规定》有关涉外税收问题的通知（国税函发〔1991〕663号），规定设立在开发区被认定为高新技术企业的外商投资企业，可自被认定为高新技术企业之日所属的纳税年度起，减按15%税率征收企业所得税。

1999年11月16日，科学技术部、对外贸易经济合作部印发《国家高新技术产业开发区高新技术产品出口基地认定试行办法》（国科发火字〔1999〕第 523 号），为实施科技兴贸行动计划，促进我国高新技术产品的出口，加快国家高新技术产业开发区的国际化进程，规范国家高新技术产业开发区高新技术产品出口基地的管理。

2010 年 6 月 10 日，商务部印发《商务部关于下放外商投资审批权限有关问题的通知》（商资发〔2010〕209 号），对于注册资本 3 亿美元以下外商投资性公司和资本总额 3 亿美元以下外商投资创业投资企业、外商投资创业投资管理企业的设立及其变更事项，由地方审批机关负责审批和管理。

2012 年 3 月 19 日，财政部印发《国家级经济技术开发区国家级边境经济合作区基础设施项目贷款中央财政贴息资金管理办法》的通知（财建〔2012〕94 号），提高财政资金使用效益，更好地发挥财政贴息政策的扶持、引导作用。

2017 年 1 月 19 日，为深入贯彻落实《中共中央 国务院关于构建开放型经济新体制的若干意见》，国务院办公厅印发《国务院办公厅关于促进开发区改革和创新发展的若干意见》（国办发〔2017〕7 号），不断提高对外开放水平，继续发挥开放型经济主力军作用，促进开发区开放型经济发展。

2019 年 5 月 28 日，国务院印发《国务院关于推进国家级经济技术开发区创新提升打造改革开放新高地的意见》（国发〔2019〕11 号），为着力构建国家级经济技术开发区开放发展新体制，发展更高层次的开放型经济，加快形成国际竞争新优势，充分发挥产业优势和制度优势，带动地区经济发展。

2019 年 3 月 29 日，科学技术部火炬高技术产业开发中心印发《中国高新区国际人才发展专项基金管理办法（暂行）》，规范中国高新区国际人才发展专项基金的申请、评审和运作管理，充分发挥资金的效用，推动国家高新区国际人才交流与合作。

五　共享发展

2003年2月18日，国土资源部印发《关于清理各类园区用地加强土地供应调控的紧急通知》（国土资发〔2003〕45号），为规范土地市场秩序，清理违规设立的各类园区、严禁违法下放土地审批权、严禁任何单位和个人使用农民集体土地进行商品房开发等。

2003年2月21日，国土资源部印发《进一步治理整顿土地市场秩序工作方案》（国土资发〔2003〕49号），治理整顿违反土地利用总体规划和城市规划设立各种名目的园区（城、村）及园区用地中存在的非法占地、越权批地、违法供地等问题。

2004年10月21日，国务院印发《关于深化改革严格土地管理的决定》（国发〔2004〕28号），要求严格执行土地管理法律法规，加强土地利用总体规划、城市总体规划、村庄和集镇规划实施管理，完善征地补偿和安置制度，健全土地节约利用和收益分配机制，建立完善耕地保护和土地管理的责任制度。

2016年9月，国家发改委办公厅印发《关于支持各地开展产城融合示范区建设的通知》（发改办地区〔2016〕2076号），提出了58个产城融合示范区建设的主要任务，要求各地在示范区建设中明确控制开发强度、创新体制机制、落实工作责任。

史丹，中国社会科学院工业经济研究所所长、研究员、博士生导师。享受国务院特殊津贴。入选中共中央组织部、人力资源和社会保障部万人计划、国家高层次人才特殊支持计划领军人才，中共中央宣传部"文化名家暨四个一批"人才工程。《中国工业经济》和《经济管理》以及 China Economist 主编，国家能源委员会专家咨询委员会委员，国家气候变化专家委员会委员，中国工业经济学会理事长兼副会长，主要研究领域为产业与能源经济，绿色低碳发展等。主持国家社科基金重大课题、国家自然科学基金课题，国家发展和改革委员会、国家能源局、工信部等部委和省市委托课题百余项，在《经济研究》《管理世界》《中国工业经济》等顶级刊物公开发表各类文章150多篇，撰写专著30余部，获得国家级、省部级学术奖励30余项。